小学校 算数
「学び合い」を成功させる課題プリント集

西川 純・木村 薫
編著

5年生

本書の特徴

　『学び合い』は成績が上がります。特に、全国学力テスト（全国学力・学習状況調査）の点数は驚異的に上がります。
　ある小学校をサポートしました。『学び合い』の良さを分かっていただき、学校全体として『学び合い』に取り組むようになりました。その後、新しい校長が赴任してきました。その校長は以前より『学び合い』の授業を参観している方で、その良さを分かっていただいています。そこでの会話です。

校長：『学び合い』の良さは分かりますが、学力は上がらないですね？
　私：それは前校長も、先生方も学力を上げることを求めなかったからです。
校長：成績で結果を出さなければ、駄目ですよ。
　私：私自身は以前より成績を上げようと提案したのですが、人間関係の向上に先生方の意識が向いていて乗り気になっていただけませんでした。本当は、さらに一歩高い人間関係をつくるには成績向上を目指さなければなりません。校長がお望みならば、是非、やらせてください。
　　ただし、最初にお伺いします。校長が向上をお望みの学力とは何ですか？　具体的には、平常の単元テストですか？　県配信テストですか？　全国学力テストですか？
校長：全国学力テストです。
　私：分かりました。3つのことをやっていただければ、向上させることをお約束します。
　　第一に、校長先生が職員に全国学力テストの点数を上げることを求め、納得させてください。これは我々にはできません。
　　第二に、職員の方々が子どもたちに全国学力テストの点数を上げることを求めてください。つまり、このことを本気でやっていただくように校長から職員の方々を納得させてください。
　　第三に、我々が課題をつくります。『学び合い』でそれを使ってください。
校長：分かりました。

　その結果、全国学力テストを受けないクラスも含めて、先生方は子どもたちにテストの点数を上げるように求めました。
　一年後。全国学力テストで約20ポイントの向上が見られました。数ポイントで一喜一憂している方々にはビックリですね。その他の学年のクラスでもNRTや単元テストの点数が10ポイント以上の向上が見られました。
　すべては私が校長に求めた3つがポイントなのです。
　まず、第三のポイントを説明いたします。
　全国学力テストの通過率を調べると、それほど難しくないのに通過率が低い問題があります。どんな問題でしょうか？
　記述する問題です。
　単に計算するという問題の場合、普段の単元テストの成績と一致しています。ところが、記述問題になったとたんに通過率が低くなります。何故かといえば、普段の授業でも単元テストでも、そのような問題は解答に時間がかかるので避けられる傾向があります。だから、子どもたちは経験していないのです。

ところが全国学力テストB問題は、A問題とは異なりただ答えを出すだけでなく、記述式で「〜わけを、言葉や式をつかって書きましょう。」という、解き方を言葉や式で表現する問題が数多く出題されます。

解き方や公式を機械的に覚えていけば簡単な計算問題などには対応することができます。しかし、答えを出すだけでなく、なぜそうなるのかを表現しなければならないのです。記述式問題になると、正答率は5割程度になってしまいます。無答率はおおむね1割に満たない程度です。何を聞かれていて、何を書けばよいか分からないけれどとりあえず何か書いておく、または何も書かないというようになってしまうのです。それには、やはり、日々の授業中においてその計算の仕方や、公式の意味、出てくる数値の意味を記述していくといった練習を数多くこなす必要があります。

本課題集には記述問題を多く入れました。それらは大きく分けて二つに分かれます。

第一に、問題の解き方などを記述させる問題です。例えば、以下のような問題です。

❷ 6+8のけいさんのしかたをことばでかきましょう。3にんにせつめいし、なっとくしてもらえたらサインをもらいましょう。

[けいさんのしかた]

```
┌─────────────────────────────────┐
│                                 │
│                                 │
└─────────────────────────────────┘
```

しかし、問題のレベルが高い場合、どう書けばいいか成績上位層でも迷うことがあります。そこで第二のタイプの問題を用意しました。先に解を与えて、なぜそうなるかを問う課題を与えるということです。漠然と説き方を聞かれても、分からない子は分かりません。なので、先に解を与え、その過程を考えさせるのです。今までは、わけの分からない時間を経て、公式や解き方を覚えていました。それを先に公式や、答えが分かり、それはどう導けるかを考えるようにしていくのです。塾や通信教育で学んでいる子どもも、公式や解き方は覚えていますが、なぜそうなるかということまでは学んでいないことが多いのです。このことを踏まえた課題に取り組むことによって、一つ一つの計算の仕方の意味や、公式の意味、数値の意味を理解して言葉でまとめるといったことができるようになってきます。

❷ 48−4=44になります。このけいさんのしかたをかきましょう。ただし「十のくらい」「一のくらい」ということばをつかいましょう。3人にせつめいし、なっとくしてもらえたらサインをもらいましょう。

```
┌─────────────────────────────────┐
│                                 │
│                                 │
└─────────────────────────────────┘
```

✐ともだちのサイン | | | |

このような記述式に対応する力は、低学年、中学年ではあまり扱われません。しかし、それらの力が算数において重要な力であることは言うまでもないことです。式の意味や計算の仕方を言葉で書いたり、

説明したりする活動を多くこなすことによって、なぜそうなるかを考える習慣を身に付けたり、言葉や式で表現することに抵抗感なく取り組めるようになったりすることができます。また、理由を言語化してみる、人に伝わる形で表してみるということは、自身の理解を確かにしていくことに大いに役に立ちます。あやふやなことを、文章にしていくことや人に伝えていくことによって、より正確な理解へとつながっていくのです。

　本書は、『学び合い』を成功させる課題プリント集で、日々の授業で使っていただくことを想定しています。課題は、「〜ができる、〜を解くことができる」というものだけではありません。多くが、「〜を解き3人に説明し、納得してもらえたらサインをもらう」「式の意味や計算の仕方を言葉で書き、書いたものを3人に説明し納得してもらえたらサインをもらう」というものです。

　問題解決的な授業として、教科書を見せずに、漠然と「計算の仕方を考えよう」と教師が提示して「自力解決」を促し、その後全体で交流する、といった授業も行われています。しかし、これでは、分からない子は分からないまま自力解決のときには、ボーッとしています。結局「自力解決」できるのは、塾や通信教育で学校の授業を先に勉強している子どもだけです。その子たち数人が、教師に解き方を説明し、教師はそれを笑顔でうなずきながら板書をします。分からなかった子どもたちは、何かよく分からないまま、教師が板書したことをノートに写します。そして、よく意味も分からない公式や計算の仕方をこういうものだと思い、なんとなく覚えていくのです。

　このような授業は、誰の役にも立っていません。分かる子は、もっと分かっている教師に説明しているだけです。分からない子は分からないままです。

　では、どうすればよいのか。

　先に述べたとおり、解き方を文章化したり、友達に伝えたりすることによって、理解を確かなものにしていくことです。分からない子も、友達の説明を聞くことによって分かるようになっていきます。そして、最初は分からなかった子も「全員が説明できるようになる。」という課題のもと、自分の言葉で人に説明できるために学習に取り組んでいくのです。

　まさに『学び合い』でやっていることです。

　このように、言葉でまとめる練習をしたり、子ども同士で説明し合ったりという問題を数多く入れています。説明が正しければサインをもらえます。正しくないのにサインをしている姿は『学び合い』の「一人も見捨てない」に反していることを、教師は語らなければなりません。1時間ごとのめあても、「全員が〜を説明できるようになる」と提示し、全員が課題を説明できるようになってほしいと願い、クラス全員で実行していきます。

　全国学力テスト直前期に類似問題を数多く行うことによっても、もちろん点数の向上が見られます。しかし、低学年のうちから、言葉で説明するということを繰り返すことによっても、解き方を言葉や式で表現する問題に対応する力を伸ばしていくことができるのです。それ故、本課題集は年間を通して使えるようにしています。

本課題集を活用すれば全国学力テストで点数は上がります。しかし、驚異的な向上を望むならば、まだ足りません。

私は新校長に、以下を求めました。

> 第一に、校長先生が職員に全国学力テストの点数を上げることを求め、納得させてください。これは我々にはできません。
> 第二に、職員の方々が子どもたちに全国学力テストの点数を上げることを求めてください。つまり、このことを本気でやっていただくように校長から職員の方々を納得させてください。

全国学力テストの点数が上がらない最大の理由は、子どもたちがテストの点数を上げることに意味を持っていないからです。全国学力テストは平常の単元テストに比べて問題数が多く、記述式が多いのです。途中で「どうでもいい」と思う子が生まれるのは当然です。それらが無答に繋がります。

100点満点で90点の子どもを95点にするのは困難です。しかし、20点の子どもを50点にすることは容易いでしょう。要はその子がテストの点数を上げようと思い、食らいついていけばいいだけのことです。20点が50点に上がれば30点の上昇です。その子一人でクラス平均を1ポイント上げることができるのです。途中で投げ出す子どもを思い浮かべてください。かなりの上昇が期待できます。

何故、子どもが全国学力テストで点数を上げようとしないのでしょうか？それは教師が全国学力テストの点数を上げたいと思っていないからです。もちろん点数が上がったらいいなとは思っているでしょうが、上げるために何かをすること、ましてや子どもに点数を上げることを求めることは「不浄」なように感じていると思います。

私だったら子どもたちに以下のように語るでしょう。

『陸上や水泳で、学校を代表して大会に参加する人もいるよね。そんな人は学校のために頑張るし、学校のみんなも応援するよね。みなさんは全国学力テストというテストを受けます。これはみなさん全員が参加する勉強の全国大会です。私はみなさんの勉強する姿を見てすごいと思っています。そのすごさを保護者に自慢したくてうずうずしています。この大会で全国優勝をしましょう！君たちならできると思います。この大会は団体戦です。一人の例外もなく結果を出したとき優勝できる。つまり、『学び合い』で大事にしている「一人も見捨てない」ということを徹底しているクラスが結果を出せます。つまり、仲間を大事にしている最高のクラスが優勝できるのです。みんなで優勝しましょう！』

実は全国学力テストの対策としては、詳細な分析を行った優れた類書があります（例えば、『TOSS算数PISA型スキル　No.15 学力B問題（改訂版）』（東京教育技術研究所））。しかし、本書は「記述できる。説明できる」の1点に焦点を当てています。理由はそれが全国学力テスト以外にも汎用性が高いからです。記述し、説明する能力が上がれば、それはNRTや単元テストにも影響する全般的な学力の基礎となるからです。第二に、あまり手を広げても、「伸びしろ」の大きい成績下位層にはそれほど影響がないと判断したからです。

もし、みなさんが1点でも多く取ろうと思い、記述式に慣れたクラスだったら、どれほどの結果を出せると思いますか？結果を出せるために手品の種は、たったこれだけです。これだけのことを徹底できれば結果を出せます。

本書の使い方

　本書は、『学び合い』によって進めていきます。全員が課題を達成することを求め、子どもたちに力をつけさせていきます。

【準備するもの】
- 本書の該当単元のワークシートのコピー人数分
- 本書の該当単元のワークシートの答え1、2枚
- クラスの子どものネームプレート

　本書のワークシートをコピーしたものを人数分用意します。また、答えも用意し、教室の前方や後方に置いておき、答え合わせをしたり、分からないときのヒントにできるようにしておきます。

　誰ができて、誰がまだ考え中かを分かるようにネームプレートを使います。黒板にマグネットでできたネームプレートを貼り、できた人は、「まだ」の囲みから、「できた」の囲みに移すようにします。できていない子は「できた」の子に聞きに行けますし、できた子は「まだ」の子に教えに行くことができ、子ども同士の助け合いができるようになります。

【本書を利用した授業の流れ】

(時間は目安です。クラスの実態、課題の難易度によって変わります)

①スタート〜5分ぐらい　（教師が課題を伝える）

　子ども同士が、問題に向き合い、考えたり、教え合ったり、説明し合ったりする時間を多く設けるために、教師が課題を伝える時間は5分以内にします。課題の内容は、あらかじめワークシートに記入してありますので、板書を書き写すといった手間も省きます。この語りでは、「一人も見捨てずに、全員が達成することが目標である」ことを伝えます。そして、そのためには、「分からないから教えて」と自分から動くことがいいことであるということを奨励します。

②5分ぐらい〜30分ぐらい（子どもが動き、グループでの学習が始まる）

　最初は一人一人課題に取り組むために、あまり動きは見られないかもしれません。しかし、「時間内に全員が達成すること」を教師が伝えることによって、子どもたちは自分たちで考えてグループを作るようになります。友達のところに動く、「一緒にしよう」というような声かけ、すぐに課題に取り組む姿、「教えて」と助けを借りる姿、「大丈夫？　分かる？」と友達を助けようとする姿などが見られたら、それを大きな声でクラス全体に広めましょう。

　できた子は、3人に説明したり解答を見て丸つけをしたりします。その後、マグネットを動かし、まだ終わっていない子に教えにいきます。このとき、よく仲の良い子ばかりに教えにいくなどグループが

固定化することが考えられます。分からない子は、一人で分からないままということも見られます。教師は「全員達成をするためには、誰に教えにいったり、誰と交流したりすることがいいのかな」と伝えていきます。

③ 30分ぐらい〜40分（めざせ、全員達成！）

　残り10分程度になると課題を達成した子ども、達成していない子どもと分かれてきます。あまりネームプレートが動いていない場合は、終わっている子どもに向けて「みんなが分かるためにはどうしたらいいかな？」「いろいろなところにちらばるのもいいよね」と最後までみんなのためにできることをするよう声をかけます。

　一方、ネームプレートが動いている子が多い場合は、「自分の考えを伝えれば伝えるほど、賢くなるし、友達のためにもなるよ」と、よりみんなが分かることを目指すような声かけを教師がするようにします。達成した子がほとんどで、達成していない子が数人となる場合があります。そのようなときには、「みんなも大勢の友達に囲まれたら勉強しにくいよね」「教えるだけじゃなくて、本当にみんなが分かるためにできることもあるよね」と言い、残りの時間を本当に分かるために使うように言葉かけをします。

　例えば、「説明を紙を見ないで言えるようになるともっといいよね」や「違う問題を自分たちでつくって、計算の仕方を説明してみるのもいいよね」というように言葉かけをすることによって、課題が終わってしまい、教える相手がいない子どもも、友達と交流しながら、理解を確かなものにすることができます。

④ 40分〜45分（成果の振り返り）

　「全員達成」ができたかを振り返ります。学習のまとめはしません。ここで、学習のまとめをしてしまうと、最後に先生がまとめてくれるからと思い、『学び合い』に真剣に取り組まなくなります。従来のなんだかよく分からないけれど、まとめを覚えればよい授業と同じになってしまいます。まとめをしないからこそ、授業中の交流を通して、課題を「全員達成」してみんなで分かることを求めるのです。

　課題を達成していない人がいたときには、次はどのようにすればよいかを子どもたちに考えさせます。そして、教師の「全員達成」をあきらめない気持ちを伝えます。

本書の問題は、株式会社教育同人社より発行している算数ドリルの問題を掲載（一部修正）しております。教育同人社様のご協力に感謝申し上げます。

もくじ

本書の特徴 — 2
本書の使い方 — 6

Part 1
『学び合い』を成功させる課題プリント集

課題1 整数と小数 めあてと課題 — 12
1 全員が整数や小数の仕組みを説明することができる。 — 13
2 全員が整数や小数を10倍，100倍等にした数の仕組みを説明することができる。 — 14
3 全員が整数や小数を$\frac{1}{10}$倍，$\frac{1}{100}$倍等にした数の仕組みを説明することができる。 — 15

課題2 直方体や立方体の体積 めあてと課題 — 16
1 全員が，1辺が1cmの立方体が何こ分あるかで，体積の表し方を説明することができる。 — 17
2 全員が公式を使って，直方体や立方体の体積の求め方を説明することができる。 — 18
3 全員がいろいろな形の体積を工夫して求めるやり方を説明することができる。 — 19
4 全員が大きな体積の単位を使って，体積を表したり求めたりできる。 — 20
5 全員が体積の単位がわかり，容積を求めることができる。 — 21

課題3 比例 めあてと課題 — 22
1 全員が2つの量の比例の関係を説明することができる。 — 23
2 全員が，ともなって変化する2つの量の関係を説明することができる。 — 24

課題4 小数のかけ算 めあてと課題 — 25
1 全員が小数をかけるかけ算の意味や，計算の仕方を説明することができる。 — 27
2 全員が小数×小数の筆算の計算の仕方を説明することができる。 — 28
3 全員が小数をかける筆算のやり方を説明することができる。 — 29
4 全員が小数で面積や体積を求めたり，工夫してやり方を説明することができる。 — 30
5 全員が小数で面積や体積を求めたり，工夫したりして計算することができる。 — 31
6 全員が小数倍の問題を解き，やり方を説明することができる。 — 32

課題5 小数のわり算 めあてと課題 — 33
1 全員が小数でわるわり算の意味や，計算の仕方を説明することができる。 — 35
2 全員が小数÷小数の筆算の計算の仕方を説明することができる①。 — 36
3 全員が小数÷小数の筆算の計算の仕方を説明することができる②。 — 37
4 全員が小数のわり算であまりを考えるときは，あまりの小数点は，わられる数のもとの小数点にそろえてうつことを説明することができる。 — 38
5 全員が小数の倍やもとにする大きさを求めるやり方を説明することができる。 — 39

課題 6　合同な図形　めあてと課題　40
1 全員が合同の意味がわかり，対応する頂点，辺，角を説明することができる。　41
2 全員が合同な三角形や四角形をかくことができる。　42

課題 7　偶数と奇数　めあてと課題　43
1 全員が偶数と奇数を理解し，説明することができる。　44
2 全員が倍数，公倍数，最小公倍数の意味とその見つけ方が説明できるようになる。　45
3 全員が約数，公約数，最大公約数の意味とその見つけ方がわかる。　46

課題 8　分数と小数，整数の関係　めあてと課題　47
1 全員が整数のわり算の商を分数で表すことができる①。　48
2 全員が整数のわり算の商を分数で表すことができる②。　49
3 全員が分数，小数，整数の関係を表すことができる。　50
4 全員が大きさの等しい分数がわかり，約分の説明ができる。　51
5 全員が通分の意味がわかり、通分の説明をすることができる。　52

課題 9　分数のたし算とひき算　めあてと課題　53
1 全員が分母がちがう分数のたし算，ひき算のやり方を説明することができる。　54
2 全員が約分を使って分母がちがう分数のたし算，ひき算のやり方を説明することができる。　55
3 全員が3つの分数のたし算やひき算のやり方を説明することができる。　56
4 全員が分母がちがう帯分数のたし算，ひき算のやり方を説明することができる。　57
5 全員が分数と小数のまじった計算のやり方を説明することができる。　58
6 全員が分数を使って時間を表す方法を説明することができる。　59

課題 10　平均　めあてと課題　60
1 全員が平均の意味と求め方がわかる。　63
2 全員が平均から全体の量を求めることができる①。　64
3 全員が平均から全体の量を求めることができる②。　65
4 全員が0がある場合の平均を求めることができる。　66
5 全員がこみぐあいをくらべることができる。　67
6 全員が人口密度を求めることができる①。　68
7 全員が人口密度を求めることができる②。　69
8 全員が単位量あたりの大きさを使う問題ができる。　70

課題 11　図形の角　めあてと課題　71
1 全員が三角形の角の大きさを計算で求めることができる。　72
2 全員が四角形の角の大きさを計算で求めることができる①。　73
3 全員が四角形の角の大きさを計算で求めることができる②。　74
4 全員が多角形の大きさの和がわかる①。　75
5 全員が多角形の大きさの和がわかる②。　76

課題12 百分率とグラフ めあてと課題　77

1. 全員が割合の意味がわかり，割合を求めることができる①。　80
2. 全員が割合の意味がわかり，割合を求めることができる②。　81
3. 全員が百分率の意味がわかり，割合を百分率で表すことができる。　82
4. 百分率を割合で表すことができる。　83
5. 全員がくらべられる量を求める百分率の問題ができる。　84
6. 全員がもとにする量を求める問題ができる①。　85
7. 全員がもとにする量を求める問題ができる②。　86
8. 全員が割合の和や差を使う問題ができる。　87
9. 全員が帯グラフや円グラフの読み方がわかる。　88
10. 全員が帯グラフや円グラフをかくことができる。　89
11. 全員がグラフを読み取り，問題を考えることができる。　90

課題13 正多角形と円周の長さ めあてと課題　91

1. 全員が正多角形の意味や性質がわかり，正多角形をかくことができる①。　93
2. 全員が正多角形の意味や性質がわかり，正多角形をかくことができる②。　94
3. 円周率の意味がわかり，円周や直径の長さを求めることができる①。　95
4. 円周率の意味がわかり，円周や直径の長さを求めることができる②。　96
5. 円の直径の長さと円周の長さの関係がわかる。　97

課題14 分数のかけ算とわり算 めあてと課題　98

1. 全員が分数×整数の約分のない計算ができる。　99
2. 全員が分数×整数の約分のある計算ができる。　100
3. 全員が分数÷整数の約分のない計算ができる。　101
4. 全員が分数÷整数の約分のある計算ができる。　102
5. 全員が分数のかけ算とわり算の文章題を解くことができる。　103

課題15 角柱と円柱 めあてと課題　104

1. 全員が角柱と円柱の意味や性質がわかる①。　105
2. 全員が角柱と円柱の意味や性質がわかる②。　106
3. 全員が角柱の展開図がわかり，かくことができる①。　107
4. 全員が角柱の展開図がわかり，かくことができる②。　108

Part 2
『学び合い』を成功させる課題プリント・解答集　109

Part 1

『学び合い』を成功させる
課題プリント集

- **課題1** 整数と小数　めあてと課題 ……… 12
- **課題2** 直方体や立方体の体積　めあてと課題 ……… 16
- **課題3** 比例　めあてと課題 ……… 22
- **課題4** 小数のかけ算　めあてと課題 ……… 25
- **課題5** 小数のわり算　めあてと課題 ……… 33
- **課題6** 合同な図形　めあてと課題 ……… 40
- **課題7** 偶数と奇数　めあてと課題 ……… 43
- **課題8** 分数と小数，整数の関係　めあてと課題 ……… 47
- **課題9** 分数のたし算とひき算　めあてと課題 ……… 53
- **課題10** 平均　めあてと課題 ……… 60
- **課題11** 図形の角　めあてと課題 ……… 71
- **課題12** 百分率とグラフ　めあてと課題 ……… 77
- **課題13** 正多角形と円周の長さ　めあてと課題 ……… 91
- **課題14** 分数のかけ算とわり算　めあてと課題 ……… 98
- **課題15** 角柱と円柱　めあてと課題 ……… 104

課題1 整数と小数

	めあて（GOAL）	課題
1	全員が整数や小数の仕組みを説明することができる。	❶ タクヤさんの家から学校までの道のりは 10.652 km です。□の中に当てはまる数字を書いて，数の仕組みを表しましょう。 ❷ □に当てはまる不等号を書きましょう。 ❸ 次の数は 0.001 を何こ集めた数ですか。 ❹ 下の□にカードを当てはめて 2 番目に小さな数を作り，やり方を 3 人に説明し，なっ得してもらえたらサインをもらいましょう。
2	全員が整数や小数を 10 倍，100 倍等にした数の仕組みを説明することができる。	❶ □に当てはまる数を書きましょう。 ❷ 次の数は 0.987 を何倍した数ですか。 ❸ 3.65×1000 の答えは 3650 となりますが，365 と書いたクラスメイトがいました。なぜこのまちがいが起きたのか，正しい答えの出し方を下の空らんに書いて 3 人に説明し，なっ得してもらえたらサインをもらいましょう。ただし，「100 倍」，「1000 倍」という言葉を必ず使って説明しなさい。
3	全員が整数や小数を $\frac{1}{10}$ 倍，$\frac{1}{100}$ 倍等にした数の仕組みを説明することができる。	❶ □に当てはまる数を書きましょう。 ❷ 次の数は 71.3 をそれぞれ何分の一にした数ですか。 ❸ 456.8÷1000 の答えは 0.4568 となりますが，4.568 と書いたクラスメイトがいました。なぜこのまちがいが起きたのか，正しい答えの出し方を下の空らんに書きなさい。ただし，「小数点」，「左」という言葉を必ず使いなさい。3 人に説明し，なっ得してもらえたらサインをもらいましょう。

整数と小数 ①

_____組_____番　氏名_____

🏅 GOAL
全員が整数や小数の仕組みを説明することができる。

❶ タクヤさんの家から学校までの道のりは 10.652 km です。□の中に当てはまる数字を書いて，数の仕組みを表しましょう。

10.652＝10×□ ＋1×□ ＋0.1×□ ＋0.01×□ ＋0.001×□

❷ □に当てはまる不等号を書きましょう。

（1）8　□　7.985　　　（2）5.43 − 5.4　□　0.1

❸ 次の数は 0.001 を何こ集めた数ですか。

（1）0.003　　　　　　　　　　　　　　（　　　　　　　　）
（2）0.039　　　　　　　　　　　　　　（　　　　　　　　）
（3）4.8　　　　　　　　　　　　　　　（　　　　　　　　）

❹ 下の□にカードを当てはめて 2 番目に小さな数を作り，やり方を 3 人に説明し，なっ得してもらえたらサインをもらいましょう。

✏️友だちのサイン

整数と小数 2

_____組_____番 氏名_____

GOAL
全員が整数や小数を 10 倍，100 倍等にした数の仕組みを説明することができる。

❶ □に当てはまる数を書きましょう。

(1) 3.14 を 10 倍した数は □

(2) 3.14 を 100 倍した数は □

(3) 小数や整数を 10 倍すると位は □ けた上がる

(4) 小数や整数を 100 倍すると位は □ けた上がる

❷ 次の数は 0.987 を何倍した数ですか。

(1) 9.87　　　　　　　　　　　　　　（　　　　　　　）
(2) 987　　　　　　　　　　　　　　（　　　　　　　）
(3) 98.7　　　　　　　　　　　　　　（　　　　　　　）

❸ 3.65 × 1000 の答えは 3650 となりますが，365 と書いたクラスメイトがいました。なぜこのまちがいが起きたのか，正しい答えの出し方を下の空らんに書いて 3 人に説明し，なっ得してもらえたらサインをもらいましょう。ただし，「100 倍」，「1000 倍」という言葉を必ず使って説明しなさい。

✏️ 友だちのサイン

整数と小数 ③

___組___番 氏名_____

GOAL
全員が整数や小数を $\frac{1}{10}$ 倍, $\frac{1}{100}$ 倍等にした数の仕組みを説明することができる。

❶ □に当てはまる数を書きましょう。

(1) 23.4 を $\frac{1}{10}$ にした数は □

(2) 23.4 を $\frac{1}{100}$ にした数は □

(3) 小数や整数を $\frac{1}{10}$ にすると位は □ けた下がり, $\frac{1}{100}$ によると位は □ けた下がる。

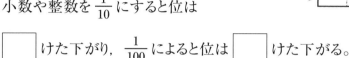

❷ 次の数は 71.3 をそれぞれ何分の一にした数ですか。

(1) 7.13 (   )

(2) 0.713 (   )

(3) 0.00713 (   )

❸ 456.8 ÷ 1000 の答えは 0.4568 となりますが, 4.568 と書いたクラスメイトがいました。なぜこのまちがいが起きたのか, 正しい答えの出し方を下の空らんに書きなさい。ただし,「小数点」,「左」という言葉を必ず使いなさい。3人に説明し, なっ得してもらえたらサインをもらいましょう。

✎ 友だちのサイン

課題2 直方体や立方体の体積

	めあて（GOAL）	課題
1	全員が，1辺が1cmの立方体が何こ分あるかで，体積の表し方を説明することができる。	❶ 1辺が1cmの立方体の積み木で，直方体を作りました。 （1）この直方体の体積は，1辺が1cmの立方体の積み木が30こです。どのようにすれば30こというこ数が出ますか。説明しなさい。 （2）体積は何cm^3ですか。 ❷ 右の図形の体積は$1cm^3$です。「立方体」「半分」という言葉を必ず使って説明しなさい。3人に説明し，なっ得してもらえたらサインをもらいましょう。
2	全員が公式を使って，直方体や立方体の体積の求め方を説明することができる。	❶ □に当てはまる数を書きましょう。 ❷ 下の直方体や立方体の体積は何cm^3ですか。 ❸ この直方体の体積は$180000cm^3$です。しかし，答えを$1800cm^3$と書いているクラスメイトがいました。なぜこのまちがいが起きたのか，正しい答えの出し方を下の空らんに書いて3人に説明し，なっ得してもらえたらサインをもらいましょう。
3	全員がいろいろな形の体積を工夫して求めるやり方を説明することができる。	❶ 下のような形の体積を求めましょう。 ❷ 下の図形の体積の求め方を3人に説明し，なっ得してもらえたらサインをもらいましょう。
4	全員が大きな体積の単位を使って，体積を表したり求めたりできる。	❶ □に当てはまる数を書きましょう。 ❷ 右の直方体の体積を求めましょう。 ❸ 右の体積の求め方を3人に説明し，なっ得してもらえたらサインをもらいましょう。
5	全員が体積の単位がわかり，容積を求めることができる。	❶ □に当てはまる数を書きましょう。 ❷ 厚さ1cmの板で，右のような直方体の形をした入れ物を作りました。この直方体の容積は何cm^3で，何Lですか。やり方を3人に説明し，なっ得してもらえたらサインをもらいましょう。ただし，「はば」という言葉を必ず使いなさい。

直方体や立方体の体積 1

　　　　　　　　　　　　　　　組　　　番　氏名

GOAL
全員が，1辺が1cmの立方体が何こ分あるかで，体積の表し方を説明することができる。

❶ 1辺が1cmの立方体の積み木で，直方体を作りました。

（1）この直方体の体積は，1辺が1cmの立方体の積み木が30こです。どのようにすれば30こというこ数が出ますか。説明しなさい。

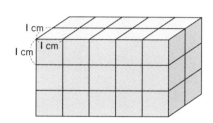

（2）体積は何cm³ですか。　　　　　　　（　　　　　　　　　　）

❷ 右の図形の体積は1cm³です。「立方体」「半分」という言葉を必ず使って説明しなさい。3人に説明し，なっ得してもらえたらサインをもらいましょう。

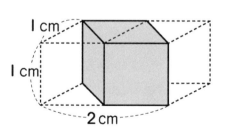

🖉 友だちのサイン　|　　　　|　　　　|　　　　|

直方体や立方体の体積 ❷

_____組 _____番 氏名_____

🏅 GOAL
全員が公式を使って，直方体や立方体の体積の求め方を説明することができる。

❶ □に当てはまる言葉を書きましょう。

(1) 直方体の体積＝ □ × □ × □

(2) 立方体の体積＝ □ × □ × □

❷ 下の直方体や立方体の体積は何cm³ですか。

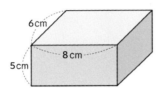

［ 式 ］_____

［ 答え ］_____

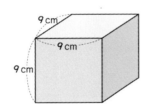

［ 式 ］_____

［ 答え ］_____

❸ この直方体の体積は180000cm³です。しかし，答えを1800cm³と書いているクラスメイトがいました。なぜこのまちがいが起きたのか，正しい答えの出し方を下の空らんに書いて3人に説明し，なっ得してもらえたらサインをもらいましょう。

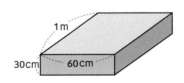

✏️ 友だちのサイン | | | |

直方体や立方体の体積 ❸

_____組_____番 氏名_____

🥇GOAL
全員がいろいろな形の体積を工夫して求めるやり方を説明することができる。

❶ 下のような形の体積を求めましょう。

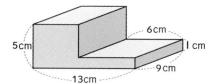

[式]_____

[答え]_____

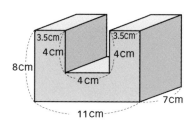

[式]_____

[答え]_____

❷ 下の図形の体積の求め方を３人に説明し，なっ得してもらえたらサインをもらいましょう。

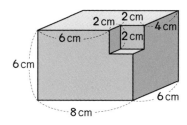

✏友だちのサイン

直方体や立方体の体積 ❹

___組___番 氏名_____

🏅GOAL
全員が大きな体積の単位を使って，体積を表したり求めたりできる。

❶ □に当てはまる数を書きましょう。

(1) 1辺が1mの立方体の体積を1立方メートルといい，1 □ と書く。

(2) 1m³ = □ cm³

❷ 右の直方体の体積を求めましょう。

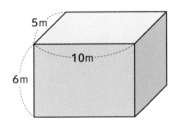

(1) この直方体の体積は何 m³ ですか。

[式]_____

[答え]_____

(2) この直方体の体積は何 cm³ ですか。

[式]_____

[答え]_____

❸ 右の体積の求め方を3人に説明し，なっ得して
もらえたらサインをもらいましょう。

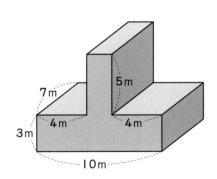

✏️友だちのサイン | □ | □ | □ |

直方体や立方体の体積 5

_____組_____番 氏名_____

🏅 GOAL
全員が体積の単位がわかり，容積を求めることができる。

❶ □に当てはまる数を書きましょう。

(1) 1L = □ cm³

(2) 1mL = □ cm³

(3) 1m³ = □ L

❷ 厚さ1cmの板で，右のような直方体の形をした入れ物を作りました。この直方体の容積は何cm³で，何Lですか。やり方を3人に説明し，なっ得してもらえたらサインをもらいましょう。ただし，「はば」という言葉を必ず使いましょう。

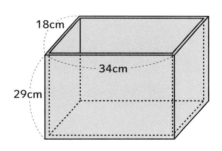
18cm
34cm
29cm

✏️ 友だちのサイン | | | |

課題3 比例

	めあて（GOAL）	課題
1	全員が2つの量の比例の関係を説明することができる。	❶ 横□cm が2cm, 3cm, …のとき, 面積○ cm² はそれぞれ何 cm³ になりますか。下の表に書きましょう。 ❷ 上の表のア〜ウに当てはまる数を書きましょう。 ❸ ○（面積）は□（横）に比例していますか。理由を説明し, なっ得してもらえたら3人にサインをもらいましょう。 ❹ たてを6cmとした場合に, 横□と面積○ cm²の関係を式に表しましょう。
2	全員が, ともなって変化する2つの量の関係を説明することができる。	❶ 1まい10gの10円玉があります。10円玉が1まい, 2まい, 3まい…と増えると, それにともなって重さはどのように変わりますか。 (1) 重さはまい数に比例します。まい数□まいと, 重さ○gの関係を式に表しましょう。 (2) まい数が15まいのとき, 重さは何gですか。式と答えを書きましょう。 ❷ 自分で比例の式となっている問題をつくり, 3人に説明しましょう。そのさいに, 下の表に「○」「□」を使って表しましょう。また, 式を書いて, 説明するときは,「倍」「ともなって変わる」という言葉を使いましょう。

比例 ①

___組___番 氏名_____

🏅GOAL
全員が2つの量の比例の関係を説明することができる。

長方形の横の長さが1cm，2cm，3cm…と変わると，それにともなって面積はどう変わりますか。

❶ 横□cmが2cm，3cm，…のとき，面積○cm^2はそれぞれ何cm^3になりますか。下の表に書きましょう。

横□(cm)	1	2	3	4	5	6
面積○(cm^2)	6					

（2倍，ア倍，イ倍，ウ倍）

❷ 上の表のア～ウに当てはまる数を書きましょう。

ア □ 倍   イ □ 倍   ウ □ 倍

❸ ○（面積）は□（横）に比例していますか。理由を説明し，なっ得してもらえたら3人にサインをもらいましょう。

❹ たてを6cmとした場合に，横□と面積○cm^2の関係を式に表しましょう。

［ 式 ］_____

✏️友だちのサイン | | | |
|---|---|---|

比例 ②

_____組　_____番　氏名_____

🥇 GOAL

全員が，ともなって変化する2つの量の関係を説明することができる。

❶ 1まい10gの10円玉があります。10円玉が1まい，2まい，3まい…と増えると，それにともなって重さはどのように変わりますか。

まい数□（まい）	1	2	3	4	5	6
重さ○(g)	10	20	30	40	50	60

(1) 重さはまい数に比例します。まい数□まいと，重さ○gの関係を式に表しましょう。

　　　　　　　　　　　　　　　　　　　[式]_____

(2) まい数が15まいのとき，重さは何gですか。式と答えを書きましょう。

[式]_____　　　[答え]_____

❷ 自分で比例の式となっている問題をつくり，3人に説明しましょう。そのさいに，下の表に「○」「□」を使って表しましょう。また，式を書いて，説明するときは，「倍」「ともなって変わる」という言葉を使いましょう。

□			
○			

[式]_____

[説明]

✏️ 友だちのサイン　|　　　|　　　|　　　|

課題4 小数のかけ算

	めあて（GOAL）	課題
1	全員が小数をかけるかけ算の意味や,計算の仕方を説明することができる。	❶ 1m が 300g のパイプがあります。このパイプが 4.2m のときの重さは何 g でしょうか。 （1） 4.2m の重さを求める式を書きましょう。 （2） 計算の仕方を考えて □ に当てはまる数を書きましょう。 （3） 4.2m の重さは何 g ですか。 ❷ 100g のねだんが 98 円のひき肉があります。このひき肉 250g はいくらですか。式と考え方を書いて 3 人に説明し, なっ得してもらえたらサインをもらいましょう。
2	全員が小数×小数の筆算の計算の仕方を説明することができる。	❶ 1.25×4.3 の筆算の仕方を, 下にまとめました。□ に当てはまる数字を入れましょう。 ❷ 下の問題をとき, 3 人に説明し, なっ得してもらえたらサインをもらいましょう。
3	全員が小数をかける筆算のやり方を説明することができる。	❶ 小数をかける筆算の仕方をまとめています。□ に当てはまる言葉や数字を入れましょう。 ❷ 正しい積になるように, 小数点をうちましょう。 ❸ 下の練習問題をとき, そのとき方を 3 人に説明し, なっ得してもらえたらサインをもらいましょう。
4	全員が小数で面積や体積を求めたり, 工夫してやり方を説明することができる。	❶ 下の図形の面積は何 cm^2 ですか。 ❷ 下の直方体の体積は何 cm^3 ですか。 ❸ 下の問題を筆算を使わずに工夫して計算しましょう。やり方を 3 人に説明し, なっ得してもらえたらサインをもらいましょう。 （1） $3.14 \times 2.5 \times 4$ 　（2） $6.5 \times 1.3 + 3.5 \times 1.3$
5	全員が小数で面積や体積を求めたり, 工夫して計算することができる。	❶ 下の長方形の面積は何 m^2 ですか。 ❷ 下の直方体の体積は何 m^3 ですか。 ❸ $2.4 \times 1.3 + 2.6 \times 1.3$ を工夫して 3 人に説明し, なっ得してもらえたらサインをもらいましょう。

| 6 | 全員が小数倍の問題を解き，やり方を説明することができる。 | ❶ 3本の針金があります。㋐の針金は10m，㋑の針金は16m，㋒の針金は9mです。
（1）㋑の針金の長さは，㋐の針金の長さの何倍ですか。
（2）㋒の針金の長さは，㋐の針金の長さの何倍ですか。
❷ まさとさんの体重は34kgです。兄の体重はまさとさんの1.5倍，妹の体重はまさとさんの体重の0.8倍です。兄と妹の体重の求め方を3人に説明し，なっ得してもらえたらサインをもらいましょう。 |

小数のかけ算 ①

___組___番 氏名_____

🏅GOAL

全員が小数をかけるかけ算の意味や，計算の仕方を説明することができる。

❶ 1mが300gのパイプがあります。このパイプが4.2mのときの重さは何gでしょうか。

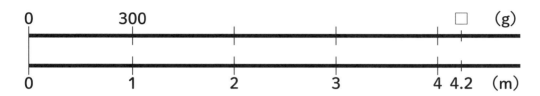

(1) 4.2m の重さを求める式を書きましょう。

[式] _____

(2) 計算の仕方を考えて□に当てはまる数を書きましょう。

　・0.1m の重さを求める。その後，4.2m の重さを求める。

　・4.2 × 300 = 300 ÷ 10 × □

(3) 4.2m の重さは何 g ですか。　　　　　(　　　　　　　　)

❷ 100 g のねだんが 98 円のひき肉があります。このひき肉 250g はいくらですか。式と考え方を書いて 3 人に説明し，なっ得してもらえたらサインをもらいましょう。

✏️友だちのサイン

小数のかけ算❷

_____組_____番 氏名_____

🥇GOAL
全員が小数×小数の筆算の計算の仕方を説明することができる。

❶ 1.25 × 4.3 の筆算の仕方を，下にまとめました。□に当てはまる数字を入れましょう。

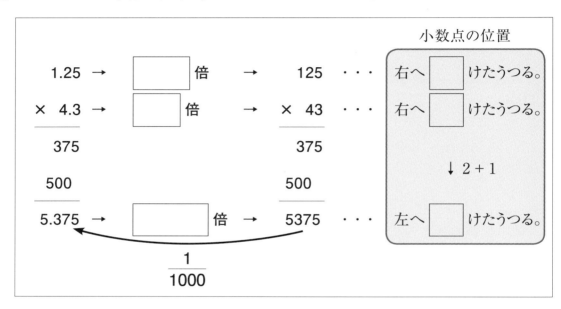

❷ 下の問題をとき，3人に説明し，なっ得してもらえたらサインをもらいましょう。

25.6 × 3.2 ＝　　　　　　　　7.85 × 8.2 ＝

✏️友だちのサイン

小数のかけ算 ❸

___組___番 氏名_____

🥇 GOAL
全員が小数をかける筆算のやり方を説明することができる。

❶ 小数をかける筆算の仕方をまとめています。□に当てはまる言葉や数字を入れましょう。

(1) □ がないものとして計算する。

(2) 積の小数点は，かけられる数とかける数の小数点の右にある □ だけ，右から数えてうつ。

```
   1.25   →  右へ □ けた
 ×  4.3   →  右へ □ けた
   375
   500           ↓ 2+1
   5.375  ←  左へ □ けた
```

❷ 下の練習問題をとき，そのとき方を3人に説明し，なっ得してもらえたらサインをもらいましょう。

(1) $3.12 \times 61 =$

(2) $1.93 \times 9.1 =$

(3) $781 \times 2.3 =$

(4) $39.2 \times 7.4 =$

(5) $0.82 \times 4.5 =$

(6) $0.9 \times 2.5 =$

✏️ 友だちのサイン | | | |

小数のかけ算 ❹

_____組_____番 氏名_____

🥇GOAL

全員が小数で面積や体積を求めたり，工夫してやり方を説明することができる。

❶ 下の図形の面積は何 cm^2 ですか。

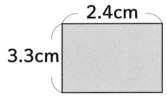

［ 式 ］_____

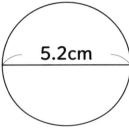

［ 式 ］_____

❷ 下の直方体の体積は何 cm^3 ですか。

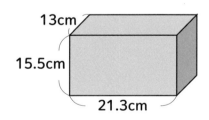

［ 式 ］_____

❸ 下の問題を筆算を使わずに工夫して計算しましょう。やり方を3人に説明し，なっ得してもらえたらサインをもらいましょう。

(1) $3.14 \times 2.5 \times 4$ (2) $6.5 \times 1.3 + 3.5 \times 1.3$

✏️友だちのサイン | | | |

小数のかけ算 5

_____組_____番 氏名_____

🥇GOAL

全員が小数で面積や体積を求めたり，工夫したりして計算することができる。

❶ 下の長方形の面積は何 m² ですか。

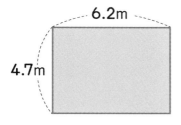

[式]_____

[答え]_____

❷ 下の直方体の体積は何 m³ ですか。

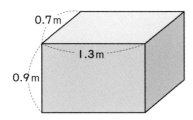

[式]_____

[答え]_____

❸ 2.4 × 1.3 ＋ 2.6 × 1.3 を工夫して 3 人に説明し，なっ得してもらえたらサインをもらいましょう。

✏️友だちのサイン

小数のかけ算 ❻

_____組_____番 氏名_____

🥇 GOAL
全員が小数倍の問題を解き，やり方を説明することができる。

❶ 3本の針金があります。あの針金は 10 m，いの針金は 16m，うの針金は 9 mです。

(1) いの針金の長さは，あの針金の長さの何倍ですか。

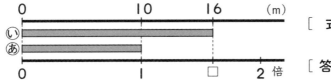

[式]_____

[答え]_____

(2) うの針金の長さは，あの針金の長さの何倍ですか。

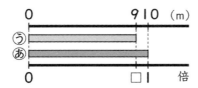

[式]_____

[答え]_____

❷ まさとさんの体重は 34kg です。兄の体重はまさとさんの 1.5 倍，妹の体重はまさとさんの体重の 0.8 倍です。兄と妹の体重の求め方を 3 人に説明し，なっ得してもらえたらサインをもらいましょう。

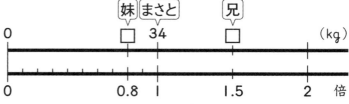

✏️ 友だちのサイン | | | |

課題5 小数のわり算

	めあて（GOAL）	課題
1	全員が小数でわるわり算の意味や，計算の仕方を説明することができる。	❶ リボン 3.2m を買うとねだんは 96 円でした。このリボンの1m のねだんを求めましょう。 （1）1m のリボンの代金を求め，答えを□に書きましょう。 （2）0.1m のねだんを求めてから，1m のねだんを求めましょう。式の□に当てはまる数字を書きましょう。 （3）32m のねだんを求めてから，1m のねだんを求めましょう。 （4）1m のねだんはいくらですか。 ❷ 4.2m のリボンのねだんを調べたら 84 円でした。このリボンの1m のねだんはいくらですか。やり方を説明し，3 人に説明し，なっ得してもらえたらサインをもらいましょう。ただし，2 種類のやり方を説明しなさい。
2	全員が小数÷小数の筆算の計算の仕方を説明することができる①。	13.4m の重さが 676.7g のロープがあります。このロープ1m の重さは何 g ですか。 ❶ 下に計算の仕方と説明文の□に当てはまる言葉や数字を入れましょう。 ❷ 676.7 ÷ 13.4 の筆算の仕方を，右にまとめました。□に当てはまる数字を入れましょう。 ❸ 210 ÷ 84 = 2.5 をもとにして，下の問題をとき，3 人に説明し，なっ得してもらえたらサインをもらいましょう。
3	全員が小数÷小数の筆算の計算の仕方を説明することができる②。	❶ 小数をわる筆算の仕方をまとめています。□に当てはまる言葉や数字を入れましょう。 ❷ 下の問題をとき，3 人に説明し，なっ得してもらえたらサインをもらいましょう。

4	全員が小数のわり算であまりを考えるときは，あまりの小数点は，わられる数のもとの小数点にそろえてうつことを説明することができる。	3.5mのリボンを，1人に0.6mずつ配ります。何人に配れて，何mあまりますか。 ❶ 下に計算の仕方をまとめています。□に当てはまる数字を入れましょう。 ❷ 下に小数のわり算のあまりの考えをまとめています。□に当てはまる言葉を入れましょう。 ❸ 下の問題を商は一の位まで求めて，あまりも出しましょう。そのとき方を3人に説明し，なっ得してもらえたらサインをもらいましょう。
5	全員が小数の倍やもとにする大きさを求めるやり方を説明することができる。	❶ 下の表は，赤，青，緑の3種類のリボンの長さを表しています。 （1） 緑のリボンは赤のリボンの長さをもとにすると，何倍ですか。 （2） 青のリボンは赤のリボンの長さをもとにすると何倍ですか。 ❷ 1.8kgのひき肉Aがあります。これはひき肉Bの1.2倍の重さです。ひき肉Bは何kgですか。ひき肉Bを□kgとし，かけ算の式にして求めましょう。 ❸ 1995年から2010年にかけて，ねだんの上がりが大きいのはアイスとジュースのどちらですか。理由を3人に説明し，なっ得してもらえたらサインをもらいましょう。

小数のわり算 ①

_____組_____番 氏名_____

GOAL
全員が小数でわるわり算の意味や，計算の仕方を説明することができる。

❶ リボン3.2mを買うとねだんは96円でした。このリボンの1mのねだんを求めましょう。

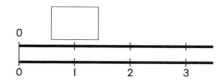

(1) 1mのリボンの代金を求め，答えを□に書きましょう。

［ 式 ］_____　［ 答え ］_____

(2) 0.1mのねだんを求めてから，1mのねだんを求めましょう。式の□に当てはまる数字を書きましょう。

96 ÷ 3.2 = 96 ÷ 32 × □

(3) 32mのねだんを求めてから，1mのねだんを求めましょう。

［ 式 ］_____　［ 答え ］_____

(4) 1mのねだんはいくらですか。　　　　　　　　（　　　　　　　　　）

❷ 4.2mのリボンのねだんを調べたら84円でした。このリボンの1mのねだんはいくらですか。やり方を説明し，3人に説明し，なっ得してもらえたらサインをもらいましょう。ただし，2種類のやり方を説明しなさい。

✏️友だちのサイン

小数のわり算 ❷

___組___番 氏名_____

🏅GOAL
全員が小数÷小数の筆算の計算の仕方を説明することができる①。

❶ 13.4m の重さが 676.7g のロープがあります。このロープ 1m の重さは何 g ですか。

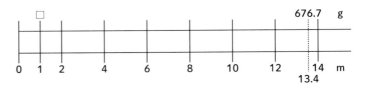

(1) 下に計算の仕方と説明文の□に当てはまる言葉や数字を入れましょう。

```
676.7  ÷  13.4  =  □     ⎫
 ↓×□      ↓×□           ⎬ 等しい
6767   ÷  134   =  □     ⎭
```

676.7÷13.4 の商は，676.7 と 13.4 の □ を □ 倍した 67÷134 の商と等しくなっている。

676.7 ÷ 13.4 ＝（676.7 ×□）÷（13.4 ×□）
　　　　　　＝ 6767 ÷ 134
　　　　　　＝ 50.5　　　　　［答え］_____

(2) 676.7 ÷ 13.4 の筆算の仕方を，右にまとめました。□に当てはまる文字や数字を入れましょう。

676.7 と 13.4 の両方の商を 10 倍して計算するため，それぞれの小数点を □ に □ うつす。

```
       50.5
13.4)676.7
134)6767
    670
    670
    670
      0
```

❷ 210 ÷ 84 ＝ 2.5 をもとにして，下の問題をとき，3 人に説明し，なっ得してもらえたらサインをもらいましょう。

(1) 21 ÷ 8.4　　　　(2) 2.1 ÷ 0.84

✎友だちのサイン _____ _____ _____

小数のわり算 ❸

___組___番 氏名_____

GOAL
全員が小数÷小数の筆算の計算の仕方を説明することができる②。

❶ 小数をわる筆算の仕方をまとめています。□に当てはまる言葉を入れましょう。

(1) わる数の小数点を右にうつして，□になおす。

(2) わられる数の小数点も，わる数の小数点をうつした数だけ□にうつす。

(3) わる数が整数のときと同じように計算し，商の小数点は，□の右にうつした小数点に□うつ。

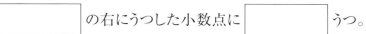

❷ 下の問題をとき，3人に説明し，なっ得してもらえたらサインをもらいましょう。

(1) 30.5 ÷ 2.5 =

(2) 4.62 ÷ 1.32 =

(3) 4.35 ÷ 2.5 =

(4) 3.5 ÷ 1.4 =

友だちのサイン

小数のわり算 ❹

_____組_____番 氏名_____

🏅 GOAL

全員が小数のわり算であまりを考えるときは，あまりの小数点は，わられる数のもとの小数点にそろえてうつことを説明することができる。

3.5m のリボンを，1人につき 0.6m ずつ配ります。何人に配れて何 m あまりますか。

❶ 下に計算の仕方をまとめています。□に当てはまる数字を入れましょう。

| 右の筆算で，あまった 5 は，□ が □ こあるということである。 |
| 検算してみると， 0.6 × 5 + □ = □ |

```
       5
0.6)3.5
    30
     5
```

❷ 下に小数のわり算のあまりの考えをまとめています。□に当てはまる言葉を入れましょう。

小数のわり算であまりを考えるとき，あまりの小数点は，□ のもとの小数点に □ うつ。

```
       5
0.6)3.5
    3 0
    0:5
```

❸ 下の問題を商は一の位まで求めて，あまりも出しましょう。そのとき方を3人に説明し，なっ得してもらえたらサインをもらいましょう。

5.7 ÷ 2.8 =   38 ÷ 1.8 =

✏️ 友だちのサイン | | | |

小数のわり算 5

_____組_____番　氏名_____

GOAL
全員が小数の倍やもとにする大きさを求めるやり方を説明することができる。

❶ 下の表は，赤，青，緑の3種類のリボンの長さを表しています。

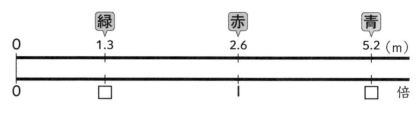

（1）緑のリボンは赤のリボンの長さをもとにすると，何倍ですか。
［ 式 ］_____　［ 答え ］_____

（2）青のリボンは赤のリボンの長さをもとにすると，何倍ですか。
［ 式 ］_____　［ 答え ］_____

❷ 1.8kg のひき肉 A があります。これはひき肉 B の 1.2 倍の重さです。ひき肉 B は何 kg ですか。ひき肉 B を □kg とし，かけ算の式にして求めましょう。

式　□× 1.2 = 1.8
　　□= 1.8 ÷ 1.2
　　□= 1.5　　　　　　　　　　［ 答え ］_____

❸ 1995 年から 2010 年にかけて，ねだんの上がりが大きいのはアイスとジュースのどちらですか。理由を 3 人に説明し，なっ得してもらえたらサインをもらいましょう。

〈1995年〉〈2010年〉
アイス　60円 ➡ 90円
ジュース　100円 ➡ 130円

🖉 友だちのサイン ｜　　　｜　　　｜　　　｜

課題6 合同な図形

	めあて（GOAL）	課題
1	全員が合同の意味がわかり，対応する頂点，辺，角を説明することができる。	❶ 下の四角形 A,B は合同です。対応する頂点，辺，角を書きましょう。 (1) 頂点 D（　　　） (2) 辺 AD（　　　） (3) 角 C（　　　） ❷ 次の辺の長さや角の大きさを求めましょう。 (1) 辺 EF（　　） (2) 角 E（　　） ❸ 次の図形の中で合同な図形を3組あげましょう。理由を「合同」，「辺」，「頂点」という単語を使って3人に説明し，なっ得してもらえたらサインをもらいましょう。
2	全員が合同な三角形や四角形をかくことができる。	❶ 下の三角形と合同な三角形をかきましょう。 ❷ 合同な三角形のかき方を使って，下の平行四辺形と合同な平行四辺形をかきましょう。 ❸ 下の三角形と合同な三角形をかきます。そのためのかき方を3人に説明し，なっ得してもらえたらサインをもらいましょう。

合同な図形 ❶

_____組 _____番 氏名_____

🥇 GOAL

全員が合同の意味がわかり，対応する頂点，辺，角を説明することができる。

❶ 下の四角形㋐，㋑は合同です。

(1) 対応する頂点，辺，角を書きましょう。

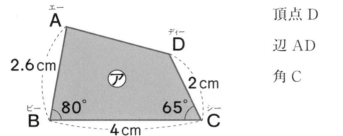

頂点 D　　（　　　　　　　　）

辺 AD　　（　　　　　　　　）

角 C　　　（　　　　　　　　）

(2) 次の辺の長さや角の大きさを求めましょう。

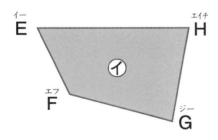

辺 EF　　（　　　　　　　　）

角 E　　　（　　　　　　　　）

❷ 右の図形の中で合同な図形を3組あげましょう。理由を「合同」，「辺」，「頂点」という単語を使って3人に説明し，なっ得してもらえたらサインをもらいましょう。

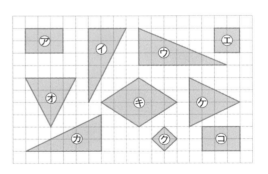

✏️ 友だちのサイン　|　　　|　　　|　　　|

合同な図形 2

_____組_____番　氏名_____

GOAL
全員が合同な三角形や四角形をかくことができる。

❶　下の三角形と合同な三角形をかきましょう。

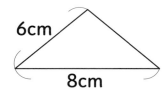

❷　合同な三角形のかき方を使って，下の平行四辺形と合同な平行四辺形をかきましょう。

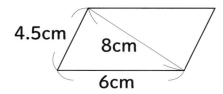

❸　下の三角形と合同な三角形をかきます。そのためのかき方を3人に説明し，なっ得してもらえたらサインをもらいましょう。

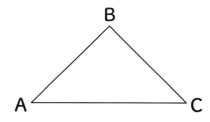

✎ 友だちのサイン　|　　　|　　　|　　　|

課題7 偶数と奇数

	めあて（GOAL）	課題
1	全員が偶数と奇数を理解し，説明することができる。	❶ 次の整数を，偶数と奇数に分けましょう。 ❷ □に当てはまる数を書きましょう。 ❸ 偶数と奇数がどのようなものかそれぞれ数字を使って説明しなさい。3人に説明し，なっ得してもらえたらサインをもらいましょう。
2	全員が倍数，公倍数，最小公倍数の意味とその見つけ方が説明できるようになる。	❶ 20までの数について，下の数直線を使って答えましょう。 (1) 2の倍数，3の倍数を○で囲みましょう。 (2) 2と3の公倍数を全部求めましょう。 (3) 2と3の最小公倍数を求めましょう。 ❷ 次の数の倍数を，小さい順に3つ答えましょう。 (1) 5の倍数　　　　(2) 8の倍数 ❸ （　）の中の数の公倍数を小さい順に3つ求めましょう。 (1) (4, 5)　　　　(2) (9, 10) (3) (4, 13) ❹ (3, 6, 8) の中の最小公倍数を求め，とき方を3人に説明し，なっ得してもらえたらサインをもらいましょう。
3	全員が約数，公約数，最大公約数の意味とその見つけ方がわかる。	❶ 25までの数について，下の数直線を使って答えましょう。 (1) 12の約数，20の約数を○を使って囲みましょう。 (2) 12と20の公約数を，全部求めましょう。 (3) 12と20の最大公約数を求めましょう。 ❷ 次の数の約数を全部求めましょう。 (1) 16の約数　　　　(2) 13の約数 ❸ （　）の中の数の公約数を，全部求めましょう。また，最大公約数を求めましょう。 (1) (12, 16)（公約数）（最大公倍数） (2) (14, 24)（公約数）（最大公倍数） ❹ (12, 24, 56) の中の数の最大公約数を求め，3人にやり方を説明し，なっ得してもらえたらサインをもらいましょう。

偶数と奇数 1

___組___番 氏名_____

GOAL
全員が偶数と奇数を理解し，説明することができる。

❶ 次の整数を，偶数と奇数に分けましょう。

8, 22, 31, 109, 242

[偶数] _____

[奇数] _____

❷ □に当てはまる数を書きましょう。

(1) $14 = 2 \times \boxed{}$　　(2) $13 = 2 \times \boxed{} + 1$

(3) $33 = 2 \times \boxed{} + 1$　　(4) $34 = 2 \times \boxed{}$

(5) $242 = 2 \times \boxed{}$　　(6) $255 = 2 \times \boxed{} + 1$

❸ 偶数と奇数がどのようなものか，それぞれ数字を使って説明しなさい。3人に説明し，なっ得してもらえたらサインをもらいましょう。

✏友だちのサイン | | | |

偶数と奇数 2

_____組_____番 氏名_____

GOAL
全員が倍数，公倍数，最小公倍数の意味とその見つけ方が説明できるようになる。

❶ 20までの数について，下の数直線を使って答えましょう。

(1) 2の倍数，3の倍数を○で囲みましょう。

| 2の倍数 | 0 1 2 3 4 5 6 7 8 9 10 11 12 13 14 15 16 17 18 19 20 |

| 3の倍数 | 0 1 2 3 4 5 6 7 8 9 10 11 12 13 14 15 16 17 18 19 20 |

(2) 2と3の公倍数を全部求めましょう。　　　（　　　　　　　　　）

(3) 2と3の最小公倍数を求めましょう。　　　（　　　　　　　　　）

❷ 次の数の倍数を，小さい順に3つ答えましょう。

(1) 5の倍数　　　　　　　　　　　　　　　（　　　　　　　　　）

(2) 8の倍数　　　　　　　　　　　　　　　（　　　　　　　　　）

❸ (　)の中の数の公倍数を小さい順に3つ求めましょう。

(1) (4, 5) (　　　　　　　)　(2) (9, 10) (　　　　　　　　)

(3) (4, 13) (　　　　　　　　　)

❹ (3, 6, 8)の中の最小公倍数を求め，とき方を3人に説明し，なっ得してもらえたらサインをもらいましょう。

✎ 友だちのサイン　|　　　|　　　|　　　|

偶数と奇数 3

___組___番 氏名_____

GOAL
全員が約数，公約数，最大公約数の意味とその見つけ方がわかる。

❶ 25 までの数について，下の数直線を使って答えましょう。

(1) 12 の約数，20 の約数を○を使って囲みましょう。

| 12 の約数 | 0 1 2 3 4 5 6 7 8 9 10 11 12 13 14 15 16 17 18 19 20 21 22 23 24 25 |

| 20 の約数 | 0 1 2 3 4 5 6 7 8 9 10 11 12 13 14 15 16 17 18 19 20 21 22 23 24 25 |

(2) 12 と 20 の公約数を，全部求めましょう。　　　(　　　　　　　　　　)

(3) 12 と 20 の最大公約数を求めましょう。　　　(　　　　　　　　　　)

❷ 次の数の約数を，全部求めましょう。

(1) 16 の約数　　　　　　　　　　　　　　　(　　　　　　　　　　)

(2) 13 の約数　　　　　　　　　　　　　　　(　　　　　　　　　　)

❸ (　) の中の数の公約数を，全部求めましょう。また，最大公約数を求めましょう。

(1) (12, 16)　　[公約数] (　　　　　　)　　[最大公約数] (　　　　　)

(2) (14, 24)　　[公約数] (　　　　　　)　　[最大公約数] (　　　　　)

❹ (12, 24, 56) の中の数の最大公約数を求め，3 人にやり方を説明し，なっ得してもらえたらサインをもらいましょう。

✏ 友だちのサイン　|　　　　|　　　　|　　　　|

課題8 分数と小数，整数の関係

	めあて（GOAL）	課題
1	全員が整数のわり算の商を分数で表すことができる①。	❶ 下の図をみて，3Lを4等分した量を分数で表しましょう。 ❷ わり算の商を分数で表しましょう。 ❸ □に当てはまる数を書きましょう。 ❹ $\frac{9}{8}$ を整数のわり算で表しましょうという問題で，8÷9という式を書いたクラスメイトがいました。この答えのどのようなところがまちがえているか，また，正しい答えを書いて3人に説明し，なっ得してもらえたらサインをもらいましょう。
2	全員が整数のわり算の商を分数で表すことができる②。	❶ 次の問題に分数で答えましょう。 （1）34kgは50kgの何倍ですか。 （2）5Lを1とすると16はいくつに当たりますか。 （3）1dLを1とすると10Lはいくつにあたりますか。dLで表しなさい。 ❷ 分数同士のわり算となる問題を2題作りなさい。3人に説明し，なっ得してもらえたらサインをもらいましょう。
3	全員が分数，小数，整数の関係を表すことができる。	❶ 次の分数を小数や整数で表しましょう。 ❷ 次の小数を分数で表しましょう。 ❸ 次の分数を小数で表しましょう。 ❹ 分数を小数で表すやり方を例をあげて，3人に説明し，なっ得してもらえたらサインをもらいましょう。
4	全員が大きさの等しい分数がわかり，約分の説明ができる。	❶ □に当てはまる数を書きましょう。 ❷ 次の数を約分しましょう。 ❸ 「約分」という言葉がわからないクラスメイトにわかりやすく説明しましょう。ただし，「公約数」という言葉と，実際の分数を使って3人に説明し，なっ得してもらえたらサインをもらいましょう。
5	全員が通分の意味がわかり，通分することができる。	❶ 次の分数を通分してどちらが大きいかをくらべ，□に不等号を書きましょう。 ❷ 分数を通分しましょう。 ❸ 「通分」がわからないクラスメイトに「通分」を説明しましょう。ただし，「分母」という言葉と，実際の分数を使って3人に説明し，なっ得してもらえたらサインをもらいましょう。

分数と小数，整数の関係❶

___組 ___番 氏名_____

🏅GOAL

全員が整数のわり算の商を分数で表すことができる①。

❶ 下の図をみて，3L を 4 等分した量を分数で表しましょう。

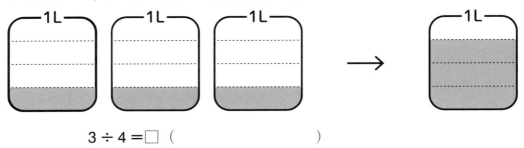

$3 \div 4 = \square$ （　　　　　　）

❷ わり算の商を分数で表しましょう。

(1) $1 \div 2 =$ （　　　　　）　　(2) $7 \div 13 =$ （　　　　　）

(3) $11 \div 17 =$ （　　　　　）　　(4) $6 \div 5 =$ （　　　　　）

❸ □に当てはまる数を書きましょう。

(1) $\dfrac{3}{7} = 3 \div \boxed{}$　　(2) $\dfrac{13}{9} = \boxed{} \div 9$　　(3) $\dfrac{19}{13} = 19 \div \boxed{}$

❹ $\dfrac{9}{8}$ を整数のわり算で表す問題で，$8 \div 9$ という式を書いたクラスメイトがいました。この答えのどこがまちがえているか，また，正しい答えを書いて 3 人に説明し，なっ得してもらえたらサインをもらいましょう。

✏️友だちのサイン

分数と小数，整数の関係❷

＿＿＿組＿＿＿番　氏名＿＿＿＿＿＿＿＿＿＿

🏅GOAL

全員が整数のわり算の商を分数で表すことができる②。

❶ 次の問題に分数で答えましょう。

（1）34kg は 50kg の何倍ですか。

［ 式 ］＿＿＿＿＿＿＿＿＿＿＿＿＿＿　［ 答え ］＿＿＿＿＿＿＿＿＿＿

（2）5L を 1 とすると 16 はいくつに当たりますか。

［ 式 ］＿＿＿＿＿＿＿＿＿＿＿＿＿＿　［ 答え ］＿＿＿＿＿＿＿＿＿＿

（3）1dL を 1 とすると 10L はいくつにあたりますか。dL で表しなさい。

［ 式 ］＿＿＿＿＿＿＿＿＿＿＿＿＿＿　［ 答え ］＿＿＿＿＿＿＿＿＿＿

❷ 分数同士のわり算となる問題を 2 つ作りなさい。3 人に説明し，なっ得してもらえたらサインをもらいましょう。

✏️友だちのサイン

分数と小数，整数の関係❸

___組___番 氏名___

GOAL
全員が分数，小数，整数の関係を表すことができる。

❶ 次の分数を小数や整数で表しましょう。

(1) $\frac{6}{8} =$ ☐

(2) $\frac{7}{2} =$ ☐

(3) $1\frac{1}{4} =$ ☐

❷ 次の小数を分数で表しましょう。

(1) $0.4 =$ ☐

(2) $0.13 =$ ☐

❸ 次の小数を分数で表しましょう。

(1) 0.7 （　　　）

(2) 2.01 （　　　）

❹ 分数を小数で表すやり方を例をあげて3人に説明し，なっ得してもらえたらサインをもらいましょう。

友だちのサイン ☐ ☐ ☐

分数と小数，整数の関係 ❹

____組 ____番 氏名_____

GOAL
全員が大きさの等しい分数がわかり，約分の説明ができる。

❶ □に当てはまる数を書きましょう。

(1) $\dfrac{2}{3} = \dfrac{2 \times \boxed{}}{3 \times 5} = \dfrac{\boxed{}}{15}$

(2) $\dfrac{17}{9} = \dfrac{17 \times \boxed{}}{9 \times 3} = \dfrac{\boxed{}}{27}$

(3) $\dfrac{4}{8} = \dfrac{4 \div \boxed{}}{8 \div 4} = \dfrac{\boxed{}}{\boxed{}}$

❷ 次の数を約分しましょう。

(1) $\dfrac{9}{3} =$ (   )

(2) $\dfrac{22}{33} =$ (   )

(3) $2\dfrac{3}{45} =$ (   )

(4) $2\dfrac{91}{91} =$ (   )

❸ 「約分」という言葉がわからないクラスメイトにわかりやすく説明しましょう。ただし，「公約数」という言葉と，実際の分数を使って3人に説明し，なっ得してもらえたらサインをもらいましょう。

🖉 友だちのサイン

分数と小数，整数の関係 5

_____組_____番 氏名_____

🥇 GOAL
全員が通分の意味がわかり，通分の説明をすることができる。

❶ 次の分数を通分してどちらが大きいかをくらべ，□に不等号を書きましょう。

(1) $\dfrac{2}{3}$ と $\dfrac{3}{4}$

[通分] _____

$\dfrac{2}{3}$ □ $\dfrac{3}{4}$

(2) $\dfrac{12}{13}$ と $\dfrac{5}{6}$

[通分] _____

$\dfrac{12}{13}$ □ $\dfrac{5}{6}$

❷ 分数を通分しましょう。

(1) $\dfrac{2}{4}$ と $\dfrac{4}{6}$ (   )

(2) $\dfrac{2}{3}$ と $\dfrac{7}{18}$ (   )

(3) $\dfrac{4}{7}$ と $\dfrac{3}{8}$ (   )

(4) $1\dfrac{1}{4}$ と $2\dfrac{4}{6}$ (   )

❸ 「通分」がわからないクラスメイトに「通分」を説明しましょう。ただし，「分母」という言葉と，実際の分数を使って3人に説明し，なっ得してもらえたらサインをもらいましょう。

✏️ 友だちのサイン | | | |

課題9 分数のたし算とひき算

	めあて（GOAL）	課題
1	全員が分母がちがう分数のたし算，ひき算のやり方を説明することができる。	❶ 次の計算をしましょう。 ❷ $\frac{2}{4} + \frac{4}{6} = \frac{6}{10}$，$\frac{15}{12} - \frac{1}{3} = \frac{14}{9}$ と答えたクラスメイトがいます。このクラスメイトにどこがまちがえていたのか，そして正しい答えを3人に説明し，なっ得してもらえたらサインをもらいましょう。
2	全員が約分を使って分母がちがう分数のたし算，ひき算のやり方を説明することができる。	❶ □に当てはまる数を書きましょう。 ❷ 分数の計算をしましょう。 ❸ $\frac{15}{12} - \frac{1}{5} = \frac{14}{7} = 2$ と書いたクラスメイトがいます。正しい計算の仕方を書いて3人に説明し，なっ得してもらえたらサインをもらいましょう。ただし，「約分」，「通分」という言葉を必ず使いなさい。
3	全員が3つの分数のたし算やひき算のやり方を説明することができる。	❶ □に当てはまる数を書きましょう。 ❷ 分数の計算をしましょう。 ❸ $\frac{17}{64} + \frac{3}{16} - \frac{13}{32} = \frac{7}{48}$ と書いたクラスメイトがいました。この計算の正しい方法を3人に説明し，なっ得してもらえたらサインをもらいましょう。
4	全員が分母がちがう帯分数のたし算，ひき算のやり方を説明することができる。	❶ 次の計算をしましょう。 ❷ $3\frac{5}{12} + 7\frac{1}{2} = 10\frac{6}{14}$ と書いたクラスメイトがいました。正しい答えととき方を3人に説明し，なっ得してもらえたらサインをもらいましょう。
5	全員が分数と小数のまじった計算のやり方を説明することができる。	❶ 次の計算をしましょう。 ❷ $0.03 - \frac{1}{100}$ の計算の仕方を2通り考え，3人に説明し，なっ得してもらえたらサインをもらいましょう。
6	全員が分数を使って時間を表す方法を説明することができる。	❶ □に当てはまる分数を書きましょう。 ❷「12分は何時間ですか。分数で表しましょう。」という問題のやり方を3人に説明し，なっ得してもらえたらサインをもらいましょう。

分数のたし算とひき算 ①

_____組_____番 氏名_____

GOAL
全員が分母がちがう分数のたし算，ひき算のやり方を説明することができる。

❶ 次の計算をしましょう。

(1) $\dfrac{2}{3} + \dfrac{3}{4} =$ (2) $\dfrac{1}{9} + \dfrac{3}{4} =$ (3) $\dfrac{3}{11} + \dfrac{7}{8} =$

(4) $\dfrac{5}{2} + \dfrac{17}{8} =$ (5) $\dfrac{3}{4} - \dfrac{2}{9} =$ (6) $\dfrac{2}{3} - \dfrac{2}{6} =$

(7) $\dfrac{88}{99} - \dfrac{2}{11} =$ (8) $\dfrac{5}{3} - \dfrac{2}{4} =$

❷ $\dfrac{2}{4} + \dfrac{4}{6} = \dfrac{6}{10}$，$\dfrac{15}{12} - \dfrac{1}{3} = \dfrac{14}{9}$ と答えたクラスメイトがいます。このクラスメイトはどこがまちがえていたのか，そして正しい答えを3人に説明し，なっ得してもらえたらサインをもらいましょう。

✏友だちのサイン

分数のたし算とひき算 ❷

＿＿＿組＿＿＿番　氏名＿＿＿＿＿＿＿＿＿＿

🥇 GOAL

全員が約分を使って分母がちがう分数のたし算，ひき算のやり方を説明することができる。

❶ □に当てはまる数を書きましょう。

(1) $\dfrac{1}{6} + \dfrac{1}{3} = \dfrac{\square}{12} + \dfrac{\square}{12} = \dfrac{\cancel{6}}{\cancel{12}} = \dfrac{\square}{\square}$

(2) $\dfrac{3}{4} - \dfrac{1}{12} = \dfrac{\square}{12} - \dfrac{1}{12} = \dfrac{\cancel{8}}{\cancel{12}} = \dfrac{\square}{\square}$

❷ 分数の計算をしましょう。

(1) $\dfrac{1}{3} + \dfrac{1}{6} =$ 　　　　(2) $\dfrac{1}{14} + \dfrac{13}{14} =$

(3) $\dfrac{9}{11} + \dfrac{7}{99} =$ 　　　(4) $\dfrac{5}{6} - \dfrac{1}{3} =$

(5) $\dfrac{5}{3} - \dfrac{2}{12} =$ 　　　(6) $\dfrac{18}{19} - \dfrac{17}{38} =$

❸ $\dfrac{15}{12} - \dfrac{1}{5} = \dfrac{14}{7} = 2$ と書いたクラスメイトがいます。正しい計算の仕方を書いて3人に説明し，なっ得してもらえたらサインをもらいましょう。ただし，「約分」，「通分」という言葉を必ず使いなさい。

✏️ 友だちのサイン ｜　　　｜　　　｜　　　｜

分数のたし算とひき算 ❸

____組 ____番 氏名_____

GOAL
全員が3つの分数のたし算やひき算のやり方を説明することができる。

❶ □に当てはまる数を書きましょう。

(1) $\dfrac{3}{4} + \dfrac{1}{12} + \dfrac{3}{6} = \dfrac{\Box}{12} + \dfrac{1}{12} + \dfrac{\Box}{12} = \dfrac{\Box}{12}$

(2) $\dfrac{3}{4} + \dfrac{1}{12} - \dfrac{3}{6} = \dfrac{\Box}{12} + \dfrac{1}{12} - \dfrac{\Box}{12} = \dfrac{\Box}{12}$

❷ 分数の計算をしましょう。

(1) $\dfrac{1}{6} + \dfrac{1}{3} + \dfrac{1}{4} =$

(2) $\dfrac{2}{3} + \dfrac{4}{9} - \dfrac{3}{6} =$

(3) $\dfrac{1}{9} + \dfrac{5}{36} + \dfrac{6}{18} =$

(4) $\dfrac{43}{42} + \dfrac{1}{3} - \dfrac{7}{6} =$

❸ $\dfrac{17}{64} + \dfrac{3}{16} - \dfrac{13}{32} = \dfrac{7}{48}$ と書いたクラスメイトがいました。この計算の正しい方法を3人に説明し，なっ得してもらえたらサインをもらいましょう。

友だちのサイン

分数のたし算とひき算 ④

_____組_____番 氏名_____

GOAL
全員が分母がちがう帯分数のたし算，ひき算のやり方を説明することができる。

❶ 次の計算をしましょう。

(1) $1\frac{3}{4} + 2\frac{2}{12} =$

(2) $3\frac{11}{15} + 5\frac{3}{4} =$

(3) $2\frac{4}{3} + 5\frac{2}{4} =$

(4) $3\frac{3}{4} - 1\frac{1}{4} =$

(5) $2\frac{10}{12} - 1\frac{2}{6} =$

❷ $3\frac{5}{12} + 7\frac{1}{2} = 10\frac{6}{14}$ と書いたクラスメイトがいました。正しい答えととき方を3人に説明し，なっ得してもらえたらサインをもらいましょう。

📝 友だちのサイン | | | |

分数のたし算とひき算 5

___組___番 氏名_____

GOAL
全員が分数と小数のまじった計算のやり方を説明することができる。

❶ 次の計算をしましょう。

(1) $\dfrac{3}{4} + 0.25 =$

(2) $\dfrac{2}{3} + 0.3 =$

(3) $0.2 + \dfrac{2}{5} =$

(4) $0.15 + \dfrac{3}{10} =$

(5) $0.75 - \dfrac{1}{4} =$

(6) $0.3 - \dfrac{3}{100} =$

❷ $0.03 - \dfrac{1}{100}$ の計算の仕方を2通り考え、3人に説明し、なっ得してもらえたらサインをもらいましょう。

✐友だちのサイン

分数のたし算とひき算 6

_____組_____番　氏名_____

GOAL
全員が分数を使って時間を表す方法を説明することができる。

❶　□に当てはまる分数を書きましょう。

(1)　12 分 = ☐ 時間

(2)　15 分 = ☐ 時間

(3)　8 分 = ☐ 時間

(4)　3 秒 = ☐ 分

(5)　85 分 = ☐ 時間

❷　「12 分は何時間ですか。分数で表しましょう。」という問題のやり方を 3 人に説明し，なっ得してもらえたらサインをもらいましょう。

友だちのサイン ☐ ☐ ☐

課題10 平均

	めあて（GOAL）	課題
1	全員が平均の意味と求め方がわかる。	❶「平均」の求め方をわり算を使って3人に説明し，なっ得してもらえたらサインをもらいましょう。 ❷ 次の数量の平均を求めましょう。
2	全員が平均から全体の量を求めることができる①。	❶ 先週，さとみさんは1日平均4dLの麦茶を飲みました。1ヶ月間同じように飲むとすると，1ヶ月では何L飲むことになるでしょうか。1ヶ月は30日とします。 ❷ ひろきさんは，先月に1日平均3kmずつ歩きました。同じように歩くとすると，72km歩くには何日かかりますか。どうやって計算すればいいか3人に説明し，なっ得してもらえたらサインをもらいましょう。
3	全員が平均から全体の量を求めることができる②。	❶ リンゴ1この重さの平均が0.3kgだとすると，リンゴ何こ分で重さが12kgになりますか。 ❷ こうたさんが20歩歩いたときの長さをはかったら，12.8mでした。 　(1) こうたさんの一歩の歩はばは，平均何mですか。 　(2) こうたさんの学校のろう下のはしからはしまで歩いたら，90歩ありました。ろう下の長さはおよそ何mですか。また求め方を2人に説明し，なっ得してもらえたらサインをもらいましょう。
4	全員が0がある場合の平均を求めることができる。	❶ 下の表は，先週の5年1組の欠席者の人数を調べたものです。 　(1) この週の欠席者の人数の合計は何人ですか。 　(2) この週は，1日平均何人欠席したことになりますか。 ❷ 下の数は，ゆうとさんのサッカーチームの最近7試合の得点を表しています。最近7試合では，1試合に平均何点とったことになりますか。

5	全員がこみぐあいをくらべることができる。	❶ 下の表は，えりさんの学校の庭にある3つの花だんの面積と，そこに植えてある花の数を表したものです。花だんのこみぐあいをくらべましょう。 北庭と南庭の花だんではどちらがこんでいますか。$1m^2$ あたりの花の数を求めてくらべましょう。 ❷ 右の表は，2つの公園の面積と遊んでいる子どもの人数を表したものです。どちらがすいているかを求めましょう。 （1） $1m^2$ あたりの子どもの人数でくらべましょう。 （2） 子ども一人あたりの面積でくらべましょう。
6	全員が人口密度を求めることができる①。	❶ (1) と (2) ができたら，3人に説明し，なっ得してもらえたらサインをもらいましょう。 （1） 人口密度という言葉を「人口」という言葉を使って説明しましょう。 （2）「人口密度」，「人口」，「面積」という言葉を使って，人口密度を求める式をたてましょう。 ❷ 千葉県と神奈川県の人口密度を，四捨五入して，上から2けたのがい数で求めましょう。
7	全員が人口密度を求めることができる②。	❶ 山川市の面積は $162km^2$ で，人口は87463人です。この市の人口密度を，四捨五入して，上から2けたのがい数で求めましょう。 ❷ 桜町の面積は $21km^2$ で，人口は29541人です。この町の人口密度を，四捨五入して，上から2けたのがい数で求めましょう。 ❸ 自分の住んでいる町の人口密度を求めましょう。それが他の人とあっているかを3人とたしかめて，あっていたらおたがいにサインをしましょう。

8	全員が単位量あたりの大きさを使う問題ができる。	❶ 下の表は，しのぶさんの家のA，B2つの畑の面積と，とれた玉ねぎの重さを表したものです。どちらの畑で玉ねぎが多くとれましたか。また，なぜそうなるか3人に説明し，なっ得してもらえたらサインをもらいましょう。 ❷ 20Lのガソリンで232km走る自動車Aと，30Lで375km走る自動車Bがあります。ガソリン1Lあたり走る道のりが長いのは，どちらの自動車でしょうか。

平均 1

_____組_____番　氏名_____

🏅 GOAL

全員が平均の意味と求め方がわかる。

❶ 「平均」の求め方をわり算を使って3人に説明し，なっ得してもらえたらサインをもらいましょう。

✏️ 友だちのサイン　| | | |

❷ 次の数量の平均を求めましょう。

① （12cm，9cm，15cm，8cm）

［ 式 ］_____

　　　　　　　　　　　　　［ 答え ］_____

② （20dL，18dL，15dL，21dL，16dL）

［ 式 ］_____

　　　　　　　　　　　　　［ 答え ］_____

③ （37m^2，39m^2，40m^2，35m^2，44m^2，42m^2）

［ 式 ］_____

　　　　　　　　　　　　　［ 答え ］_____

平均 2

_____組_____番 氏名_____

🏅GOAL
全員が平均から全体の量を求めることができる①。

❶ 先週，さとみさんは1日平均 4dL の麦茶を飲みました。1ヶ月間同じように飲むとすると，1ヶ月では何 L 飲むことになるでしょうか。1ヶ月は 30 日とします。

［ 式 ］_____

［ 答え ］_____

❷ ひろきさんは，先月に1日平均 3km ずつ歩きました。同じように歩くとすると，72km 歩くには何日かかりますか。どうやって計算すればいいか3人に説明し，なっ得してもらえたらサインをもらいましょう。

同じように歩くとすると，1週間では

［ 式 ］_____

つまり （_____） km 歩くことになる。

また同じように歩くとすると，72km 歩くには

［ 式 ］_____ ［ 答え ］_____かかる。

✏️友だちのサイン

平均 ③

_____組_____番 氏名_____

GOAL
全員が平均から全体の量を求めることができる②。

❶ リンゴ1この重さの平均が0.3kgだとすると，リンゴ何こ分で重さが12kgになりますか。

[式]_____ [答え]_____

❷ こうたさんが20歩歩いたときの長さをはかったら，12.8mでした。

①こうたさんの一歩の歩はばは，平均何mですか。

[式]_____ [答え]_____

②こうたさんの学校のろう下のはしからはしまで歩いたら，90歩ありました。歩はばは0.64mです。ろう下の長さはおよそ何mですか。求め方を2人に説明し,なっ得してもらえたらサインをもらいましょう。

[式]_____ [答え]_____

[説明]

✎ 友だちのサイン

平均 ④

_____組_____番 氏名_____

🏅 GOAL
全員が 0 がある場合の平均を求めることができる。

❶ 下の表は，先週の 5 年 1 組の欠席者の人数を調べたものです。

曜日	月	火	水	木	金
人数（人）	4	2	0	5	3

(1) この週の欠席者の人数の合計は何人ですか。

[式]_____ [答え]_____

(2) この週は，1 日平均何人欠席したことになりますか。

[式]_____ [答え]_____

❷ 下の数は，ゆうとさんのサッカーチームの最近 7 試合の得点を表しています。最近 7 試合では，1 試合に平均何点とったことになりますか。

1試合目	2試合目	3試合目	4試合目	5試合目	6試合目	7試合目
3点	2点	0点	5点	4点	3点	4点

[式]_____

[答え]_____

平均 5

____組____番 氏名_____

GOAL
全員がこみぐあいをくらべることができる。

❶ 右の表は、えりさんの学校の庭にある3つの花だんの面積と、そこに植えてある花の数を表したものです。花だんのこみぐあいをくらべましょう。

	面積(m^2)	数（本）
北庭	6	30
中庭	6	28
南庭	4	28

北庭と南庭の花だんではどちらがこんでいますか。
$1m^2$ あたりの花の数を求めてくらべましょう。

[式]

[答え]

❷ 右の表は、2つの公園の面積と遊んでいる子どもの人数を表したものです。どちらがすいているかを求めましょう。

	面積(m^2)	人数（人）
東公園	500	40
西公園	600	60

(1) $1m^2$ あたりの子どもの人数でくらべましょう。

[式]

[答え]

(2) 子ども一人あたりの面積でくらべましょう。

[式]

[答え]

平均 6

_____組_____番 氏名_____

🏅 GOAL
全員が人口密度を求めることができる①。

❶ (1)と(2)ができたら、3人に説明し、なっ得してもらえたらサインをもらいましょう。

(1) 人口密度という言葉を「人口」という言葉を使って説明しましょう。

(　　　　　　　　　　　　　　　　　　　　　　　　　　　　　　　　　)

(2)「人口密度」、「人口」、「面積」という言葉を使って、人口密度を求める式をたてましょう。

(　　　　　　　　　　　　　　　　　　　　　　　　　　　　　　　　　)

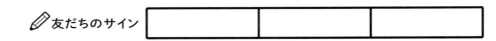友だちのサイン

❷ 千葉県と神奈川県の人口密度を、四捨五入して、上から2けたのがい数で求めましょう。

	面積(km^2)	人口（万人）
千葉県	5157	619
神奈川県	2416	908

(1) 千葉県の人口密度

[式]

[答え]_____

(2) 神奈川県の人口密度

[式]

[答え]_____

平均 7

___組___番 氏名_____

GOAL
全員が人口密度を求めることができる②。

❶ 山川市の面積は 162km² で，人口は 87463 人です。この市の人口密度を，四捨五入して，上から 2 けたのがい数で求めましょう。

[式] _____

[答え] _____

❷ 桜町の面積は 21km² で，人口は 29541 人です。この町の人口密度を，四捨五入して，上から 2 けたのがい数で求めましょう。

[式] _____

[答え] _____

❸ 自分の住んでいる町の人口密度を求めましょう。それが他の人とあっているかを 3 人とたしかめて，あっていたらおたがいにサインをしましょう。

( ) 町	面積	人口

[式] _____

[答え] _____

✏友だちのサイン | | | |

平均 8

_____組_____番 氏名_____

GOAL
全員が単位量あたりの大きさを使う問題ができる。

❶ 下の表は，しのぶさんの家のA，B2つの畑の面積と，とれた玉ねぎの重さを表したものです。どちらの畑で玉ねぎが多くとれましたか。また，なぜそうなるか3人に説明し，なっ得してもらえたらサインをもらいましょう。

	面積（m²）	とれた重さ（kg）
A	22	110
B	40	160

［ Aの式 ］ _____

　　　　　　　　［ 1m² あたりにとれた重さ ］ _____

［ Bの式 ］ _____

　　　　　　　　［ 1m² あたりにとれた重さ ］ _____

答え：玉ねぎがよくとれたのは，□の畑である。

✏️ 友だちのサイン ｜　　｜　　｜　　｜

❷ 20Lのガソリンで232km走る自動車Aと，30Lで375km走る自動車Bがあります。ガソリン1Lあたり走る道のりが長いのは，どちらの自動車でしょうか。

［ A ］ _____

［ B ］ _____

　　　　　　　　　　　　　　［ 答え ］ _____

課題11 図形の角

	めあて（GOAL）	課題
1	全員が三角形の角の大きさを計算で求めることができる。	❶ 三角形の3つの角の大きさの和は，何度になりますか。 ❷ あ，い，うの角度は何度か，計算で求めましょう。
2	全員が四角形の角の大きさを計算で求めることができる①。	❶ 四角形の4つの角の大きさの和は何度になりますか。3人に説明し，なっ得してもらえたらサインをもらいましょう。 ❷ うの角度は何度ですか。計算で求めましょう。
3	全員が四角形の角の大きさを計算で求めることができる②。	❶ あ，い，うの角度は何度ですか。計算で求めましょう。
4	全員が多角形の大きさの和がわかる①。	❶「多角形」について例などを使って，言葉で説明し，3人になっ得してもらえたらサインをもらいましょう。 ❷ 六角形の6つの角の大きさの和は何度になるか考えましょう。 （1）1つの頂点から対角線をひくと，いくつの三角形に分けられますか。 （2）六角形の6つの角の大きさの和は，何度になりますか。
5	全員が多角形の大きさの和がわかる②。	❶ 八角形の角の大きさの和を求めましょう。また，どのように求めたかを3人に説明し，なっ得してもらえたらサインをもらいましょう。 ❷ 下の表は，多角形の1つの頂点から対角線をひいてできる三角形の数と，角の大きさの和をまとめているものです。①～④に当てはまる数や角の大きさの和を求めましょう。

図形の角 1

_____組_____番　氏名_____

GOAL
全員が三角形の角の大きさを計算で求めることができる。

❶ 三角形の3つの角の大きさの和は，何度になりますか。

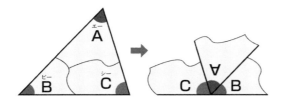

［答え］_____

❷ あ，い，うの角度は何度か，計算で求めましょう。

(1)

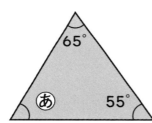

［式］_____

［答え］_____

(2)

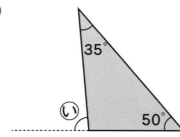

［式］_____

［答え］_____

(3)

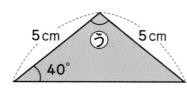

［式］_____

［答え］_____

図形の角 2

_____組_____番　氏名_____

GOAL
全員が四角形の角の大きさを計算で求めることができる①。

❶ 四角形の4つの角の大きさの和は何度になりますか。3人に説明し，なっ得してもらえたらサインをもらいましょう。

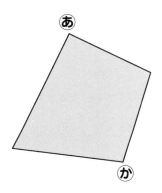

✏️ 友だちのサイン | | | |

❷ ⓤの角度は何度ですか。計算で求めましょう。

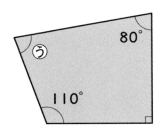

［式］_____

［答え］_____

図形の角 ❸

_____組_____番　氏名_____

🏅GOAL
全員が四角形の角の大きさを計算で求めることができる②。

❶ あ，い，うの角度は何度ですか。計算で求めましょう。

(1)

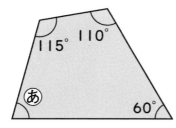

［式］_____

［答え］_____

(2)

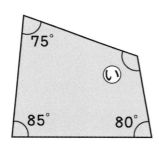

［式］_____

［答え］_____

(3)

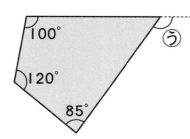

［式］_____

［答え］_____

図形の角 ❹

_____組_____番　氏名_____

GOAL
全員が多角形の大きさの和がわかる①。

❶ 「多角形」について例などを使って，言葉で説明し，3人になっ得してもらえたらサインをもらいましょう。

✎友だちのサイン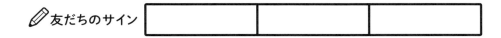

❷ 六角形の6つの角の大きさの和は何度になるか考えましょう。

（1）1つの頂点から対角線をひくと，いくつの三角形に分けられますか。

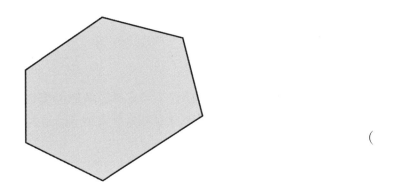

(　　　　　　　　　)

（2）六角形の6つの角の大きさの和は，何度になりますか。

(　　　　　　　　　)

図形の角 5

____組____番 氏名_____

GOAL
全員が多角形の大きさの和がわかる②。

❶ 八角形の角の大きさの和を求めましょう。また,どのように求めたかを3人に説明し,なっ得してもらえたらサインをもらいましょう。

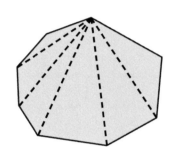

・八角形の角の大きさの和は（　　　　　　　）

[説明]

✏️友だちのサイン | | | |

❷ 下の表は,多角形の1つの頂点から対角線をひいてできる三角形の数と,角の大きさの和をまとめているものです。①～④に当てはまる数や角の大きさの和を求めましょう。

	三角形	四角形	五角形	八角形
三角形の数	1	2	①	③
角の大きさの和	180°	360°	②	④

課題12 百分率とグラフ

	めあて（GOAL）	課題
1	全員が割合の意味がわかり，割合を求めることができる①。	❶ 割合を式を使って説明しましょう。そして3人に説明し，なっ得してもらえたらサインをもらいましょう。 ❷ パソコンクラブの定員は15人で，入部の希望者が18人います。定員をもとにした希望者数の割合を求めましょう。
2	全員が割合の意味がわかり，割合を求めることができる②。	❶ 下の表は，サッカーのシュートの練習をしたときの記録です。2人のどちらがよく成功したといえるか，くらべ方を考えましょう。 (1) 2人のシュートが成功した数は，それぞれシュート数の何倍になっていますか。 (2) どちらがよく成功したといえますか。「シュート数をもとにした入った数の割合」という言葉を使って3人に説明し，なっ得してもらえたらサインをもらいましょう。
3	全員が百分率の意味がわかり，割合を百分率で表すことができる。	❶ 百分率を「割合」と「パーセント（％）」という言葉を使って3人に説明し，なっ得してもらえたらサインをもらいましょう。 ❷ 小数で表した割合を，百分率で表しましょう。
4	百分率を割合で表すことができる。	❶ 百分率で表した割合を，小数で表しましょう。 ❷ チューリップの球根を50こ植え，そのうち42この球根から芽が出ました。植えた球根の数をもとにした，芽が出た球根の数の割合を求め，百分率で表しましょう。
5	全員がくらべられる量を求める百分率の問題ができる。	❶ 東公園の面積は600m²で，その30%が花だんです。 (1) 30%を小数で表しましょう。 (2) 花だんの面積は何m²か求めましょう。また，どのように求めたかを3人に説明し，なっ得してもらえたらサインをもらいましょう。 ❷ れいこさんの身長は140cmです。お兄さんの身長は，れいこさんの身長の115%にあたります。お兄さんの身長は何cmか求めましょう。

6	全員がもとにする量を求める問題ができる①。	❶ たかしさんの家で，今年のみかんが 280kg とれました。これは去年とれたみかんの 140%にあたります。去年とれたみかんの量を求めましょう。 （1） 去年とれたみかんの量を求める式をたてましょう。なぜそのように式をたてたかを 3 人に説明し，なっ得してもらえたらサインをもらいましょう。 （2） 去年とれたみかんは何 kg ですか。 ❷ 百分率についての問題と答えを作りましょう。また，その問題と答えがあっているか 3 人にみてもらい，あっていたらサインをもらいましょう。
7	全員がもとにする量を求める問題ができる②。	❶ けんたさんは本を 93 ページまで読みました。これは，本全体の 60%にあたります。この本は何ページまであるか求めましょう。 ❷ 当たりくじの割合が 12%のくじを作ります。当たりくじを 15 本にすると，くじは全部で何本になるか求めましょう。
8	全員が割合の和や差を使う問題ができる。	❶ ひろみさんは，400 円のくつ下を，20%びきのねだんで買いました。代金はいくらですか。 （1） ひかれる金額を求めてから，答えを求めましょう。 （2） もとのねだんをもとにした代金の割合を考えて，答えを求めましょう。 ❷ ある電車に，定員より 6%多い 159 人が乗っています。この電車の定員は何人ですか。

9	全員が帯グラフや円グラフの読み方がわかる。	❶ 下の帯グラフは，都道府県別のりんごの収かく量の割合を表したものです。りんごの収かく量の割合について調べましょう。 （1）青森県，長野県，山形県の収かく量は，それぞれ全体の何%ですか。 （2）青森県は全体のおよそ何分の一ですか。 （3）長野県は秋田県のおよそ何倍ですか。 ❷ 下の円グラフは，さゆりさんの住んでいる町の土地利用の割合を表したものです。田は山林の何倍か求めましょう。
10	全員が帯グラフや円グラフをかくことができる。	❶ 下の表は，5年生が2月に図書館から借りた本を種類別に表したものです。 （1）それぞれの割合を百分率で求め，表に書きましょう。 （2）下の帯グラフに表しましょう。 ❷ 下の表はすぐるさんの学校で1月に起きたけがの件数を，場所別に表したものです。 （1）百分率は四捨五入して，整数で表しましょう。 （2）右の円グラフに表しましょう。
11	全員がグラフを読み取り，問題を考えることができる。	❶ かおりさんは，南小学校と北小学校の5年生の，「好きなスポーツ」を調べ，下のグラフに表しました。 （1）南小学校のサッカーの割合，北小学校の野球の割合は，それぞれ何%ですか。 （2）南小学校と北小学校で，バレーボールの人数の割合が高いのはどちらですか。また，そのことがわかりやすいのは帯グラフか円グラフのどちらですか。 （3）南小学校，北小学校のテニスの人数は，それぞれ何人ですか。

百分率とグラフ 1

___組___番 氏名___

🏅 GOAL
全員が割合の意味がわかり，割合を求めることができる①。

❶ 割合を式を使って説明しましょう。そして3人に説明し，なっ得してもらえたらサインをもらいましょう。

✏️友だちのサイン | | | |

❷ パソコンクラブの定員は15人で，入部の希望者が18人います。
定員をもとにした希望者数の割合を求めましょう。

[式]_____ [答え]_____

百分率とグラフ❷

組　　　番　氏名

🏅GOAL
全員が割合の意味がわかり，割合を求めることができる②。

❶ 下の表は，サッカーのシュートの練習をしたときの記録です。2人のどちらがよく成功したといえるか，くらべ方を考えましょう。

	入った数	シュート数
なおき	21	30
かなこ	16	25

(1) 2人のシュートが成功した数は，それぞれシュート数の何倍になっていますか。

○なおきさん

[式]＿＿＿＿＿＿＿＿＿＿＿＿　　　[答え]＿＿＿＿＿＿＿＿＿＿＿＿

○かなこさん

[式]＿＿＿＿＿＿＿＿＿＿＿＿　　　[答え]＿＿＿＿＿＿＿＿＿＿＿＿

(2) どちらがよく成功したといえますか。「シュート数をもとにした入った数の割合」という言葉を使って3人に説明し，なっ得してもらえたらサインをもらいましょう。

✏️友だちのサイン

百分率とグラフ ③

___組___番 氏名_____

GOAL
全員が百分率の意味がわかり、割合を百分率で表すことができる。

❶ 百分率を「割合」と「パーセント（％）」という言葉を使って3人に説明し、なっ得してもらえたらサインをもらいましょう。

✏️友だちのサイン ☐ ☐ ☐

❷ 小数で表した割合を、百分率で表しましょう。

(1) 0.03　　　　　(2) 0.49　　　　　(3) 0.62

(　　　　　)　　(　　　　　)　　(　　　　　)

(4) 0.8　　　　　(5) 1.56　　　　　(6) 0.907

(　　　　　)　　(　　　　　)　　(　　　　　)

百分率とグラフ 4

組　　番　氏名

GOAL
百分率を割合で表すことができる。

❶ 百分率で表した割合を，小数で表しましょう。

(1) 4%　　　　　　　(2) 28%　　　　　　　(3) 50%

(　　　　　)　　　(　　　　　)　　　(　　　　　)

(4) 39.2%　　　　　(5) 160%　　　　　　(6) 0.7%

(　　　　　)　　　(　　　　　)　　　(　　　　　)

❷ チューリップの球根を50こ植え，そのうち42この球根から芽が出ました。植えた球根の数をもとにした，芽が出た球根の数の割合を求め，百分率で表しましょう。

［式］_____　　［答え］_____

百分率とグラフ 5

___組___番 氏名_____

GOAL
全員がくらべられる量を求める百分率の問題ができる。

❶ 公園の面積は 600m² で，その 30%が花だんです。

公園の面積 600m²
花だんの面積 公園の面積の30%

(1) 30%を小数で表しましょう。

(   )

(2) 花だんの面積は何 m² か求めましょう。また，どのように求めたかを 3 人に説明し，なっ得してもらえたらサインをもらいましょう。

✏ 友だちのサイン | | | |

❷ れいこさんの身長は 140cm です。お兄さんの身長は，れいこさんの身長の 115%にあたります。お兄さんの身長は何 cm か求めましょう。

[式] _____ [答え] _____

百分率とグラフ 6

_____組_____番　氏名_____

GOAL
全員がもとにする量を求める問題ができる①。

❶ たかしさんの家で，今年のみかんが 280kg とれました。これは去年とれたみかんの 140％にあたります。去年とれたみかんの量を求めましょう。

(1) 去年とれたみかんの量を求める式をたてましょう。なぜそのように式をたてたかを 3 人に説明し，なっ得してもらえたらサインをもらいましょう。

[式]_____
[説明]

✏️友だちのサイン

(2) 去年とれたみかんは何kgですか。

[式]_____　　[答え]_____

❷ 百分率についての問題と答えを作りましょう。また，その問題と答えがあっているか 3 人にみてもらい，あっていたらサインをもらいましょう。

✏️友だちのサイン

百分率とグラフ 7

_____組_____番 氏名_____

GOAL
全員がもとにする量を求める問題ができる②。

❶ けんたさんは本を 93 ページまで読みました。これは，本全体の 60% にあたります。この本は何ページまであるか求めましょう。

[式]_____ [答え]_____

❷ 当たりくじの割合が 12% のくじを作ります。当たりくじを 15 本にすると，くじは全部で何本になるか求めましょう。

[式]_____ [答え]_____

百分率とグラフ 8

___組___番 氏名_____

🥇 GOAL
全員が割合の和や差を使う問題ができる。

❶ ひろみさんは，400円のくつ下を，20%びきのねだんで買いました。代金はいくらですか。

(1) ひかれる金額を求めてから，答えを求めましょう。

[式]_____ [答え]_____

(2) もとのねだんをもとにした代金の割合を考えて，答えを求めましょう。

[式]_____ [答え]_____

❷ ある電車に，定員より6%多い159人が乗っています。この電車の定員は何人ですか。

[式]_____ [答え]_____

百分率とグラフ ❾

___組___番 氏名_____

GOAL
全員が帯グラフや円グラフの読み方がわかる。

❶ 下の帯グラフは，都道府県別のりんごの収かく量の割合を表したものです。りんごの収かく量の割合について調べましょう。

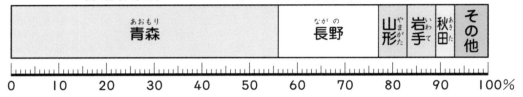

都道府県別のりんごの収かく量の割合(2013年)

(1) 青森県，長野県，山形県の収かく量は，それぞれ全体の何%ですか。

青森県（　　　　）　長野県（　　　　）　山形県（　　　　）

(2) 青森県は全体のおよそ何分の一ですか。
（　　　　　　　）

(3) 長野県は秋田県のおよそ何倍ですか。
（　　　　　　　）

❷ 下の円グラフは，さゆりさんの住んでいる町の土地利用の割合を表したものです。田は山林の何倍か求めましょう。

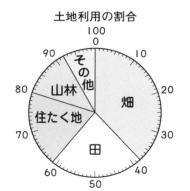

土地利用の割合

［式］_____

［答え］_____

百分率とグラフ⑩

_____組_____番 氏名_____

GOAL
全員が帯グラフや円グラフをかくことができる。

❶ 下の表は，5年生が2月に図書館から借りた本を種類別に表したものです。

借りた本の数の割合（5年生　2月）

種類	数（さつ）	百分率（％）
物語	92	
科学	60	
伝記	24	
図かん	14	
その他	10	
合計	200	100

（1）それぞれの割合を百分率で求め，表に書きましょう。

（2）下の帯グラフに表しましょう。

借りた本の数の割合（5年生　2月）

❷ 下の表はすぐるさんの学校で1月に起きたけがの件数を，場所別に表したものです。

場所別のけがの件数と割合（1月）

場所	件数（件）	百分率（％）
運動場	27	
体育館	16	
教室	9	
その他	12	
合計	64	100

（1）それぞれの割合を百分率で求め，表に書きましょう。百分率は四捨五入して，整数で表しましょう。

（2）右の円グラフに表しましょう。

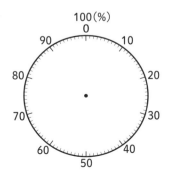

百分率とグラフ 11

___組___番 氏名_____

GOAL
全員がグラフを読み取り，問題を考えることができる。

❶ かおりさんは，南小学校と北小学校の5年生の，「好きなスポーツ」を調べ，下のグラフに表しました。

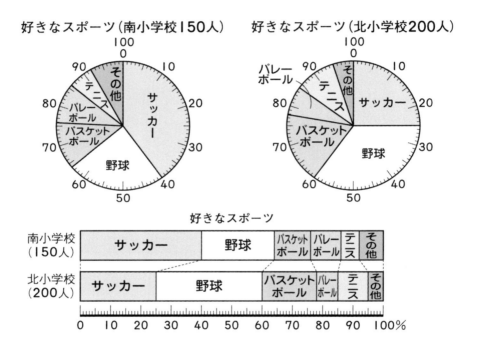

(1) 南小学校のサッカーの割合，北小学校の野球の割合は，それぞれ何%ですか。

・南小学校（　　　　　）　　・北小学校（　　　　　）

(2) 南小学校と北小学校で，バレーボールの人数の割合が高いのはどちらですか。また，そのことがわかりやすいのは帯グラフか円グラフのどちらですか。

（　　　　　）小学校　　　（　　　　　）グラフ

(3) 南小学校，北小学校のテニスの人数は，それぞれ何人ですか。

南小学校（　　　　　）人　　北小学校（　　　　　）人

課題13 正多角形と円周の長さ

	めあて（GOAL）	課題
1	全員が正多角形の意味や性質がわかり，正多角形をかくことができる①。	❶ 正多角形を「辺の長さ」，「角の大きさ」という言葉を使って3人に説明し，なっ得してもらえたらサインをもらいましょう。 ❷ 次の正多角形は，それぞれ何といいますか。 ❸ 円の中心のまわりの角を3等分する方法で，正三角形をかきます。 （1）円の中心のまわりの角を3等分すると，何度ずつになりますか。 （2）右の図に，正三角形をかきましょう。
2	全員が正多角形の意味や性質がわかり，正多角形をかくことができる②。	❶ 右の図は，半径2cmの円です。円のまわりを半径の長さで区切る方法で，正六角形をかきましょう。また，どうやってかいたかを3人に説明し，なっ得してもらえたらサインをもらいましょう。 ❷ 半径3cmの円のまわりを半径の長さで区切って，正六角形をかきました。 （1）あの角度は何度ですか。 （2）三角形OABは何という三角形ですか。 （3）この正六角形の1つの辺の長さは何cmですか。
3	円周率の意味がわかり，円周や直径の長さを求めることができる①。	❶ 円周率は何を表す数でしょうか。「円周の長さ」，「直径の長さ」という言葉を使って3人に説明し，なっ得してもらえたらサインをもらいましょう。 ❷ 円周はどのようにして求められますか。式で表しましょう。 ❸ 次の円の円周の長さを求めましょう。

4	円周率の意味がわかり，円周や直径の長さを求めることができる②。	❶ 次の円の，円周の長さを求めましょう。 （1） 直径 6cm の円 （2） 半径 5cm の円 ❷ 円周の長さが 190cm のタイヤがあります。このタイヤの直径の長さは何 cm ですか。直径の長さを□ cm として，かけ算の式に表して求めましょう。答えは四捨五入して，$\frac{1}{10}$ のくらいまでのがい数で求めましょう。また，どうやって求めたかを 3 人に説明し，なっ得してもらえたらサインをもらいましょう。
5	円の直径の長さと円周の長さの関係がわかる。	❶ 円の直径の長さが変わると，それにともなって，円周の長さはどのように変わるか調べましょう。 （1） 直径の長さを□ m，円周の長さを○ m として，円周の長さを求める式を書きましょう。 （2） □（直径）が 1, 2, 3,・・・と変わると，○（円周）はそれぞれいくつになりますか。下の表のあいているところにあてはまる数字を書きましょう。 （3） 「円周の長さ」と「直径の長さ」は比例しています。その理由を書きましょう。書いた理由を 3 人に説明し，なっ得してもらえたらサインをもらいましょう。 （4） 直径の長さが 1m ずつ増えると，円周の長さは何 m ずつ増えますか。

正多角形と円周の長さ 1

＿＿＿組＿＿＿番 氏名＿＿＿＿＿＿＿＿＿＿＿

GOAL
全員が正多角形の意味や性質がわかり，正多角形をかくことができる①。

❶ 正多角形を「辺の長さ」，「角の大きさ」という言葉を使って3人に説明し，なっ得してもらえたらサインをもらいましょう。

✏️友だちのサイン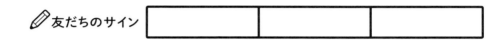

❷ 次の正多角形は，それぞれ何といいますか。

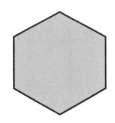
（　　　　　　）

（　　　　　　　）

❸ 円の中心のまわりの角を3等分する方法で，正三角形をかきます。

（1）円の中心のまわりの角を3等分すると，何度ずつになりますか。

（　　　　　　　　　）

（2）右の図に，正三角形をかきましょう。

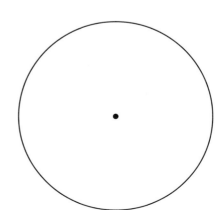

正多角形と円周の長さ❷

___組___番 氏名_____

🥇GOAL
全員が正多角形の意味や性質がわかり，正多角形をかくことができる②。

❶ 右の図は，半径 2cm の円です。円のまわりを半径の長さで区切る方法で，正六角形をかきましょう。また，どうやってかいたかを 3 人に説明し，なっ得してもらえたらサインをもらいましょう。

✎ 友だちのサイン ☐☐☐

❷ 半径 3cm の円のまわりを半径の長さで区切って，正六角形をかきました。

(1) あの角度は何度ですか。

(　　　　　　　)

(2) 三角形 OAB は何という三角形ですか。

(　　　　　　　)

(3) この正六角形の 1 つの辺の長さは何 cm ですか。

(　　　　　　　)

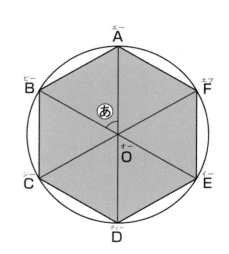

正多角形と円周の長さ❸

　　　　　　　　　　　　　組　　　番　氏名

🥇GOAL

円周率の意味がわかり，円周や直径の長さを求めることができる①。

❶ 円周率は何を表す数でしょうか。「円周の長さ」,「直径の長さ」という言葉を使って3人に説明し，なっ得してもらえたらサインをもらいましょう。

　　　　　　✏️友だちのサイン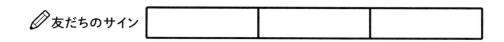

❷ 円周はどのようにして求められますか。式で表しましょう。

　［ 式 ］ _____

❸ 次の円の円周の長さを求めましょう。

(1)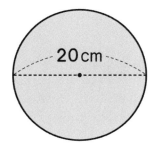

　　　　　　　　　　　［ 式 ］_____
　　　　　　　　　　　［ 答え ］_____

(2)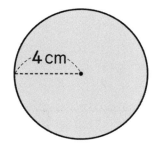

　　　　　　　　　　　［ 式 ］_____
　　　　　　　　　　　［ 答え ］_____

正多角形と円周の長さ❹

___組___番 氏名_____

🏅 GOAL
円周率の意味がわかり，円周や直径の長さを求めることができる②。

❶ 次の円の，円周の長さを求めましょう。

(1) 直径6cmの円

[式]_____ [答え]_____

(2) 半径5cmの円

[式]_____ [答え]_____

❷ 円周の長さが190cmのタイヤがあります。このタイヤの直径の長さは何cmですか。直径の長さを□cmとして，かけ算の式に表して求めましょう。答えは四捨五入して，$\frac{1}{10}$のくらいまでのがい数で求めましょう。また，どうやって求めたかを3人に説明し，なっ得してもらえたらサインをもらいましょう。

[式]_____ [答え]_____

✏️ 友だちのサイン

正多角形と円周の長さ ⑤

組　　番　氏名

GOAL
円の直径の長さと円周の長さの関係がわかる。

❶ 円の直径の長さが変わると，それにともなって，円周の長さはどのように変わるか調べましょう。

(1) 直径の長さを□ m，円周の長さを○ m として，円周の長さを求める式を書きましょう。

[式] _____

(2) □（直径）が 1, 2, 3,・・・と変わると，○（円周）はそれぞれいくつになりますか。下の表のあいているところにあてはまる数字を書きましょう。

直径　□(m)	1	2	3	4	5	6
円周　○(m)	3.14	6.28				

(3)「円周の長さ」と「直径の長さ」は比例しています。その理由を書きましょう。書いた理由を 3 人に説明し，なっ得してもらえたらサインをもらいましょう。

友だちのサイン | | | |

(4) 直径の長さが 1m ずつ増えると，円周の長さは何 m ずつ増えますか。

[答え] _____

課題14 分数のかけ算とわり算

めあて（GOAL）		課題
1	全員が分数×整数の約分のない計算ができる。	❶「分数に整数をかける計算」のやり方を「分母」,「分子」という言葉を使って3人に説明し,なっ得してもらえたらサインをもらいましょう。 ❷ かけ算をしましょう。
2	全員が分数×整数の約分のある計算ができる。	❶「$\frac{3}{8} \times 2$」を計算しましょう。そして，どのように計算したかを3人に説明し,なっ得してもらえたらサインをもらいましょう。 ❷ かけ算をしましょう。
3	全員が分数÷整数の約分のない計算ができる。	❶「分数で整数をわる計算」を「分母」と「分子」という言葉を使って3人に説明し,なっ得してもらえたらサインをもらいましょう。 ❷ わり算をしましょう。
4	全員が分数÷整数の約分のある計算ができる。	❶ $\frac{4}{5} \div 2$ の計算をしましょう。そして，どのように計算したかを3人に説明し,なっ得してもらえたらサインをもらいましょう。 ❷ わり算をしましょう。
5	全員が分数のかけ算とわり算の文章題を解くことができる。	❶ 1dL で，かべを $\frac{5}{8}$ m² ぬれるペンキがあります。このペンキ3dL では，かべ何 m² ぬれますか。 ❷ 牛にゅうが $\frac{3}{4}$ L 入ったパックが8本あります。牛にゅうは全部で何 L あるでしょうか。 ❸ 5m の重さが $\frac{7}{2}$ kg の木のぼうがあります。この木のぼう1m の重さは何 kg でしょうか。

分数のかけ算とわり算 ①

_____組_____番 氏名_____

GOAL

全員が分数×整数の約分のない計算ができる。

❶ 「分数に整数をかける計算」のやり方を「分母」，「分子」という言葉を使って3人に説明し，なっ得してもらえたらサインをもらいましょう。

✏️友だちのサイン | | | |

❷ かけ算をしましょう。

(1) $\dfrac{2}{9} \times 2 =$ (2) $\dfrac{2}{7} \times 3 =$

(3) $\dfrac{3}{17} \times 4 =$ (4) $\dfrac{9}{8} \times 5 =$

(5) $\dfrac{4}{3} \times 2 =$ (6) $\dfrac{1}{8} \times 5 =$

分数のかけ算とわり算 2

_____組_____番　氏名_____

GOAL
全員が分数×整数の約分のある計算ができる。

❶ 「$\frac{3}{8} \times 2$」を計算しましょう。そして，どのように計算したかを3人に説明し，なっ得してもらえたらサインをもらいましょう。

✎ 友だちのサイン

❷ かけ算をしましょう。

(1) $\frac{5}{6} \times 3 =$

(2) $\frac{7}{8} \times 4 =$

(3) $\frac{1}{12} \times 9 =$

(4) $\frac{7}{10} \times 8 =$

(5) $\frac{5}{9} \times 6 =$

(6) $\frac{4}{7} \times 7 =$

(7) $\frac{9}{8} \times 24 =$

(8) $\frac{8}{25} \times 100 =$

分数のかけ算とわり算 3

___組 ___番 氏名_____

GOAL

全員が分数÷整数の約分のない計算ができる。

❶ 「分数で整数をわる計算」を「分母」と「分子」という言葉を使って,3人に説明し,なっ得してもらえたらサインをもらいましょう。

✎友だちのサイン

❷ わり算をしましょう。

(1) $\frac{1}{6} \div 4 =$

(2) $\frac{2}{5} \div 9 =$

(3) $\frac{7}{3} \div 5 =$

(4) $\frac{8}{9} \div 7 =$

(5) $\frac{5}{6} \div 3 =$

(6) $\frac{2}{3} \div 5 =$

(7) $\frac{3}{7} \div 7 =$

(8) $\frac{3}{4} \div 8 =$

分数のかけ算とわり算 4

＿＿＿組＿＿＿番　氏名＿＿＿＿＿＿＿＿＿＿

GOAL
全員が分数÷整数の約分のある計算ができる。

❶ $\frac{4}{5} \div 2$ の計算をしましょう。そして，どのように計算したかを3人に説明し，なっ得してもらえたらサインをもらいましょう。

✏️友だちのサイン

❷ わり算をしましょう。

(1) $\frac{8}{9} \div 2 =$

(2) $\frac{3}{8} \div 3 =$

(3) $\frac{2}{3} \div 2 =$

(4) $\frac{9}{10} \div 12 =$

(5) $\frac{25}{36} \div 10 =$

(6) $\frac{9}{7} \div 6 =$

(7) $\frac{21}{13} \div 9 =$

(8) $\frac{25}{6} \div 100 =$

(9) $\frac{75}{7} \div 150 =$

分数のかけ算とわり算 5

____組____番 氏名_____

GOAL
全員が分数のかけ算とわり算の文章題を解くことができる。

❶ 1dLで，かべを $\frac{5}{8}$ m² ぬれるペンキがあります。このペンキ3dLでは，かべ何m²ぬれますか。

[式]_____ [答え]_____

❷ 牛にゅうが $\frac{3}{4}$ L 入ったパックが8本あります。牛にゅうは全部で何Lあるでしょうか。

[式]_____ [答え]_____

❸ 5mの重さが $\frac{7}{2}$ kg の木のぼうがあります。この木のぼう1mの重さは何kgでしょうか。

[式]_____ [答え]_____

課題15 角柱と円柱

	めあて（GOAL）	課題
1	全員が角柱と円柱の意味や性質がわかる①。	❶「三角柱」と「円柱」をかきましょう。そしてかいたものを3人に見せて、なっ得してもらえたらサインをもらいましょう。 ❷ 下の立体の各部分の名前を書きましょう。
2	全員が角柱と円柱の意味や性質がわかる②。	❶ □に当てはまる言葉を、[　　　]から選んで書きましょう。 ❷ 三角柱の見取り図をかきましょう。3人に見てもらい、なっ得してもらえたらサインをもらいましょう。
3	全員が角柱の展開図がわかり、かくことができる①。	❶ 右のような角柱があります。 (1) この角柱は何という角柱ですか。 (2) この角柱の展開図をかきましょう。かいたら3人に見せて、なっ得してもらえたらサインをもらいましょう。
4	全員が角柱の展開図がわかり、かくことができる②。	❶ 右の図は、ある円柱の展開図です。 (1) 右の展開図を組み立ててできる円柱の高さは何cmですか。 (2) 右の展開図で、辺ADの長さは、どこの長さと等しいですか。 (3) 辺ADの長さは何cmですか。また、どのようにして辺ADの長さを求めたかを3人に説明し、なっ得してもらえたらサインをもらいましょう。 ❷ 右の図のような、ある角柱の展開図を組み立てます。 (1) この角柱は何という角柱ですか。 (2) この角柱の高さは何cmですか。 (3) 点Cに集まる点を全部答えましょう。

角柱と円柱 1

＿＿＿組＿＿＿番　氏名＿＿＿＿＿＿＿＿＿＿

GOAL

全員が角柱と円柱の意味や性質がわかる①。

❶ 「三角柱」と「円柱」をかきましょう。そしてかいたものを3人に見せて，なっ得してもらえたらサインをもらいましょう。

○三角柱　　　　　　　　　　　○円柱

✏️友だちのサイン

❷ 下の立体の各部分の名前を書きましょう。

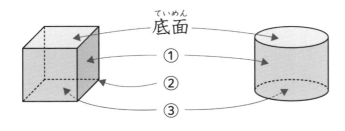

① (　　　　　　　　)

② (　　　　　　　　)

③ (　　　　　　　　)

角柱と円柱❷

_____組_____番 氏名_____

🥇GOAL
全員が角柱と円柱の意味や性質がわかる②。

❶ □に当てはまる言葉を，[　　　]から選んで書きましょう。

(1) 角柱や円柱の2つの底面は，□になっている。

(2) 角柱の側面と底面は，□に交わっている。

(3) 円柱の2つの底面は，合同な□になっている。

(4) 円柱の側面は，□になっている。

[　垂直　　三角形　　円　　平行　　頂点　　曲面　]

❷ 三角柱の見取り図をかきましょう。3人に見てもらい，なっ得してもらえたらサインをもらいましょう。

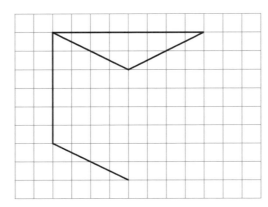

✎友だちのサイン [　　　][　　　][　　　]

角柱と円柱 3

___組___番 氏名_____

GOAL
全員が角柱の展開図がわかり，かくことができる①。

❶ 右のような角柱があります。

(1) この角柱は何という角柱ですか。

(　　　　　　　　　)

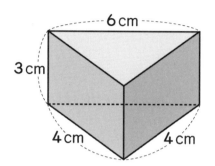

(2) この角柱の展開図をかきましょう。かいたら3人に見せて，なっ得してもらえたらサインをもらいましょう。

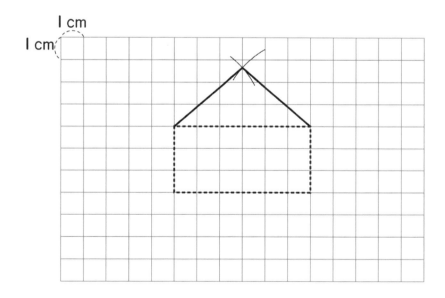

✎ 友だちのサイン

角柱と円柱 4

____組____番 氏名_____

🏅GOAL
全員が角柱の展開図がわかり，かくことができる②。

❶ 右の図は，ある円柱の展開図です。

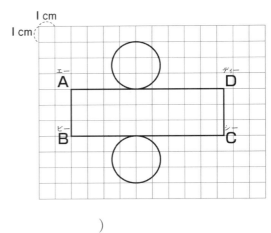

(1) 右の展開図を組み立ててできる円柱の高さは何cmですか。
（　　　　　　　　）

(2) 右の展開図で，辺ADの長さは，どこの長さと等しいですか。
（　　　　　　　　）

(3) 辺ADの長さは何cmですか。また，どのようにして辺ADの長さを求めたかを3人に説明し，なっ得してもらえたらサインをもらいましょう。

[式]_____　[答え]_____

✏️友だちのサイン ｜　　　｜　　　｜　　　｜

❷ 右の図のような，ある角柱の展開図を組み立てます。

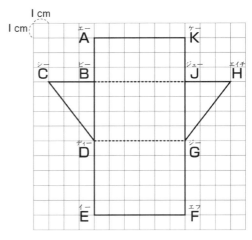

(1) この角柱は何という角柱ですか。
（　　　　　　　　）

(2) この角柱の高さは何cmですか。
（　　　　　　　　）

(3) 点Cに集まる点を全部答えましょう。
（　　　　　　　　）

Part 2

『学び合い』を成功させる
課題プリント・解答集

課題1	整数と小数	110
課題2	直方体や立方体の体積	110-111
課題3	比例	112
課題4	小数のかけ算	112-113
課題5	小数のわり算	114-115
課題6	合同な図形	115
課題7	偶数と奇数	115-116
課題8	分数と小数，整数の関係	116-117
課題9	分数のたし算とひき算	117-119
課題10	平均	119-121
課題11	図形の角	121-122
課題12	百分率とグラフ	122-125
課題13	正多角形と円周の長さ	125-126
課題14	分数のかけ算とわり算	126-127
課題15	角柱と円柱	127-128

答え

整数と小数 1

GOAL 全員が整数や小数の仕組みを説明することができる。

❶ タクヤさんの家から学校までの道のりは 10.652 km です。□の中に当てはまる数字を書いて，数の仕組みを表しましょう。

10.652＝10× 1 ＋1× 0 ＋0.1× 6 ＋0.01× 5 ＋0.001× 2

❷ □に当てはまる不等号を書きましょう。

(1) 8 > 7.985 　(2) 5.43 − 5.4 < 0.1

❸ 次の数は 0.001 を何こ集めた数ですか。

(1) 0.003 　　　　　　　　(3 こ)
(2) 0.039 　　　　　　　　(39 こ)
(3) 4.8 　　　　　　　　　(4800 こ)

❹ 下の□にカードを当てはめて 2 番目に小さな数を作り，やり方を 3 人に説明し，なっ得してもらえたらサインをもらいましょう。

2 番目に小さい数：13.495

（例）2 番目に小さい数の説明：1 番小さい数は 13.459。小さな数を順にならべているから，その次に小さい数を考えると $\frac{1}{1000}$ の位と $\frac{1}{100}$ の位を入れかえることでできるから，答えは 13.495

整数と小数 2

GOAL 全員が整数や小数を 10 倍，100 倍等にした数の仕組みを説明することができる。

❶ □に当てはまる数を書きましょう。

(1) 3.14 を 10 倍した数は 31.4
(2) 3.14 を 100 倍した数は 314
(3) 小数や整数を 10 倍すると位は 1 けた上がる
(4) 小数や整数を 100 倍すると位は 2 けた上がる

❷ 次の数は 0.987 を何倍した数ですか。

(1) 9.87 　　　　　　　　　(10 倍)
(2) 987 　　　　　　　　　(1000 倍)
(3) 98.7 　　　　　　　　 (100 倍)

❸ 3.65 × 1000 の答えは 3650 となりますが，365 と書いたクラスメイトがいました。なぜこのまちがいが起きたのか，正しい答えの出し方を下の空らんに書いて 3 人に説明し，なっ得してもらえたらサインをもらいましょう。ただし，「100 倍」，「1000 倍」という言葉を必ず使って説明しなさい。

（例）答えが 365 となったのは，100 倍しかしていないため。

100 倍は小数点を右に 2 けた移動することになるから，答えは 365 となる。
3.65 × 1000 = 3650 となるのは，3.65 を 1000 倍することになる。これは小数点を右に 3 けた移動するから。

整数と小数 3

GOAL 全員が整数や小数を $\frac{1}{10}$ 倍，$\frac{1}{100}$ 倍等にした数の仕組みを説明することができる。

❶ □に当てはまる数を書きましょう。

(1) 23.4 を $\frac{1}{10}$ にした数は 2.34
(2) 23.4 を $\frac{1}{100}$ にした数は 0.234
(3) 小数や整数を $\frac{1}{10}$ にすると位は 1 けた下がり，$\frac{1}{100}$ によると位は 2 けた下がる。

❷ 次の数は 71.3 をそれぞれ何分の一にした数ですか。

(1) 7.13 　　　　　　　　　($\frac{1}{10}$)
(2) 0.713 　　　　　　　　($\frac{1}{100}$)
(3) 0.00713 　　　　　　　($\frac{1}{10000}$)

❸ 456.8 ÷ 1000 の答えは 0.4568 となりますが，4.568 と書いたクラスメイトがいました。なぜこのまちがいが起きたのか，正しい答えの出し方を下の空らんに書きなさい。ただし，「小数点」，「左」という言葉を必ず使いなさい。3 人に説明し，なっ得してもらえたらサインをもらいましょう。

（例）答えが 4.568 となったのは $\frac{1}{100}$ 倍しかしていないため。

$\frac{1}{100}$ 倍は 0 を左に 2 つ移動することになるから答えは 4.568 になる。
456.8 ÷ 1000 = 0.4568 となるのは，456.8 を $\frac{1}{1000}$ 倍することになる。これは小数点を左に 3 けた移動するから。

直方体や立方体の体積 1

GOAL 全員が，1 辺が 1cm の立方体が何こ分あるかで，体積の表し方を説明することができる。

❶ 1 辺が 1cm の立方体の積み木で，直方体を作りました。

(1) この直方体の体積は，1 辺が 1cm の立方体の積み木が 30 こです。どのようにすれば 30 こという数が出ますか。説明しなさい。

（例）1cm³ の立方体がたてに 3 列あり，横に 5 列ならんでいる。だから 3 × 5 = 15 となる。もう一列あるから 15 × 2 = 30
答え　30 こ

(2) 体積は何 cm³ ですか。　　(30cm³)

❷ 右の図形の体積は 1cm³ です。「立方体」「半分」という言葉を必ず使って説明しなさい。3 人に説明し，なっ得してもらえたらサインをもらいましょう。

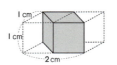

（例）立方体は，移動させると点線の大きな直方体の体積の半分となる。点線の直方体の体積は 1 × 2 × 1 = 2cm³ である。
その半分なので，2 ÷ 2 = 1cm³ となる。

直方体や立方体の体積 2

🏅GOAL　　　　　　　　　　組　　番　氏名＿＿＿＿＿＿＿

全員が公式を使って，直方体や立方体の体積の求め方を説明することができる。

❶ □に当てはまる言葉を書きましょう。

(1) 直方体の体積 = たて × 横 × 高さ

(2) 立方体の体積 = 1辺 × 1辺 × 1辺

❷ 下の直方体や立方体の体積は何 cm^3 ですか。

［式］　6 × 8 × 5 = 240

［答え］　240 cm^3

［式］　9 × 9 × 9 = 729

［答え］　729 cm^3

❸ この直方体の体積は 180000 cm^3 です。しかし，答えを 1800 cm^3 と書いているクラスメイトがいました。なぜこのまちがいが起きたのか，正しい答えの出し方を下の空らんに書いて3人に説明し，なっ得してもらえたらサインをもらいましょう。

（例）cm^3 で求めるのに，たての長さをmのまま計算したから答えが 1800 cm^3 となった。
　　　正しい式は 100 × 60 × 30 = 180000 cm^3 である。

🖊 友だちのサイン

直方体や立方体の体積 3

🏅GOAL　　　　　　　　　　組　　番　氏名＿＿＿＿＿＿＿

全員がいろいろな形の体積を工夫して求めるやり方を説明することができる。

❶ 下のような形の体積を求めましょう。

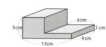

［式］（例）(9 × 13 × 5) − (9 × 6 × 4) = 369

［答え］　369 cm^3

［式］（例）(7 × 11 × 8) − (7 × 4 × 4) = 504

［答え］　504 cm^3

❷ 下の図形の体積の求め方を3人に説明し，なっ得してもらえたらサインをもらいましょう。

（例）欠けていない完全な直方体から 1辺 2cm の立方体をひく。
(6 × 8 × 6) − (2 × 2 × 2) = 280
答え　280 cm^3

🖊 友だちのサイン

直方体や立方体の体積 4

🏅GOAL　　　　　　　　　　組　　番　氏名＿＿＿＿＿＿＿

全員が大きな体積の単位を使って，体積を表したり求めたりできる。

❶ □に当てはまる数を書きましょう。

(1) 1辺が1m の立方体の体積を1立方メートルといい，1 m^3 と書く。

(2) 1 m^3 = 1000000 cm^3

❷ 右の直方体の体積を求めましょう。

(1) この直方体の体積は何 m^3 ですか。

［式］　5 × 10 × 6 = 300

［答え］　300 m^3

(2) この直方体の体積は何 cm^3 ですか。

［式］　500 × 1000 × 600 = 300000000

［答え］　300000000 cm^3

❸ 右の体積の求め方を3人に説明し，なっ得してもらえたらサインをもらいましょう。

（例）図形をくぼみのない大きな直方体として考えて，そこから2つの直方体をひく。
(7 × 10 × 8) − (7 × 4 × 5) − (7 × 4 × 5)
= 560 − 140 − 140 = 280 m^3

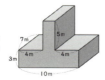

🖊 友だちのサイン

直方体や立方体の体積 5

🏅GOAL　　　　　　　　　　組　　番　氏名＿＿＿＿＿＿＿

全員が体積の単位がわかり，容積を求めることができる。

❶ □に当てはまる数を書きましょう。

(1) 1L = 1000 cm^3

(2) 1mL = 1 cm^3

(3) 1 m^3 = 1000 L

❷ 厚さ1cmの板で，右のような直方体の形をした入れ物を作りました。この直方体の容積は何 cm^3 で，何Lですか。やり方を3人に説明し，なっ得してもらえたらサインをもらいましょう。ただし，「はば」という言葉を必ず使いましょう。

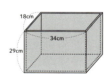

（例）容積，体積両方を求めるには，直方体のたて，横，高さを求める必要がある。それらを出すにははば1cmの直方体であるから，たて，横から2cmずつ，高さから1cmひく必要がある。
式：(18−2) × (34−2) × (29−1) = 14336
1L = 1000 cm^3 より 14336 ÷ 1000 = 14.336

🖊 友だちのサイン

答え

比例 1

___組___番 氏名___

GOAL: 全員が2つの量の比例の関係を説明することができる。

長方形の横の長さが 1cm, 2cm, 3cm…と変わると, それにともなって面積はどう変わりますか。

❶ 横□cm が 2cm, 3cm, …のとき, 面積○cm² はそれぞれ何 cm³ になりますか。下の表に書きましょう。

横□(cm)	1	2	3	4	5	6
面積○(cm²)	6	12	18	24	30	36

(2倍→ア倍, イ倍→ウ倍)

❷ 上の表のア〜ウに当てはまる数を書きましょう。
ア **3** 倍　イ **2** 倍　ウ **3** 倍

❸ ○(面積)は□(横)に比例していますか。理由を説明し, なっ得してもらえたら3人にサインをもらいましょう。

(例)比例している。横が 2倍, 3倍になると面積も 2倍, 3倍になるから。

❹ たてを 6cm とした場合に, 横□と面積○ cm² の関係を式に表しましょう。
[式] **6 × □ = ○**

比例 2

___組___番 氏名___

GOAL: 全員が, ともなって変化する2つの量の関係を説明することができる。

❶ 1まい 10g の 10円玉があります。10円玉が 1まい, 2まい, 3まい…と増えると, それにともなって重さはどのように変わりますか。

まい数□(まい)	1	2	3	4	5	6
重さ○(g)	10	20	30	40	50	60

(1) 重さはまい数に比例します。まい数□まいと,重さ○gの関係を式に表しましょう。
[式] **10 × □ = ○**

(2) まい数が 15 まいのとき, 重さは何gですか。式と答えを書きましょう。
[式] **10 × 15 = 150**　[答え] **150 g**

❷ 自分で比例の式となっている問題をつくり, 3人に説明しましょう。そのさいに, 下の表に「○」「□」を使って表しましょう。また, 式を書いて, 説明するときは,「倍」「ともなって変わる」という言葉を使いましょう。

(例)

□リボンの長さ (m)	1	2	3
○1mの値段 (円)	100	200	300

[式] **□ × 100 = ○**

[説明]
リボン 1m の時のねだんが 100 円である。2m のときは 200 円, 3m のときは 300 円と, ねだんが長さの倍数にともなって変わる。よってこの式は比例である。

小数のかけ算 1

___組___番 氏名___

GOAL: 全員が小数をかけるかけ算の意味や, 計算の仕方を説明することができる。

❶ 1m が 300g のパイプがあります。このパイプが 4.2m のときの重さは何gでしょうか。

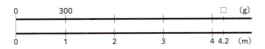

(1) 4.2m の重さを求める式を書きましょう。
[式] **4.2 × 300**

(2) 計算の仕方を考えて□に当てはまる数を書きましょう。
・0.1m の重さを求める。その後, 4.2m の重さを求める。
・4.2 × 300 = 300 ÷ 10 × **42**

(3) 4.2m の重さは何gですか。　(**1260g**)

❷ 100g のねだんが 98 円のひき肉があります。このひき肉 250g はいくらですか。式と考え方を書いて 3人に説明し, なっ得してもらえたらサインをもらいましょう。

(例) 考え方：1gの値段を求めてから, 250gの値段を求める。
式：98 ÷ 100 = 0.98
1gの値段を出したから, 次は 250gの値段を求める。
式：0.98 × 250 = 245
答え 245g

小数のかけ算 2

___組___番 氏名___

GOAL: 全員が小数×小数の筆算の計算の仕方を説明することができる。

❶ 1.25 × 4.3 の筆算の仕方を, 下にまとめました。□に当てはまる数字を入れましょう。

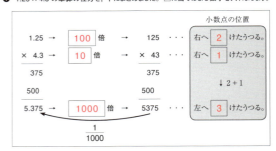

小数点の位置: 右へ **2** けたうつる。右へ **1** けたうつる。↓2+1　左へ **3** けたうつる。

1.25 → **100** 倍 → 125
× 4.3 → **10** 倍 → × 43
375　　　　　　375
500　　　　　　500
5.375 ← **1000** 倍 ← 5375
(1/1000)

❷ 下の問題をとき, 3人に説明し, なっ得してもらえたらサインをもらいましょう。

25.6 × 3.2 = **81.92**
それぞれを 10 倍して計算し, 積を 100 でわった。

7.85 × 8.2 = **64.37**
7.85 を 100 倍, 8.2 を 10 倍して計算し, 積を 1000 でわった。

小数のかけ算 3

_____組_____番 氏名_____

🏅 GOAL
全員が小数をかける筆算のやり方を説明することができる。

❶ 小数をかける筆算の仕方をまとめています。□に当てはまる言葉や数字を入れましょう。

(1) **小数点** がないものとして計算する。

```
  1.25  →  右へ  2  けた
×  4.3  →  右へ  1  けた
  375
 500
 5.375  ←  左へ  3  けた
```

(2) 積の小数点は、かけられる数とかける数の小数点の右にある **けたの数の和** だけ、右から数えてうつ。

❷ 下の練習問題をとき、そのとき方を3人に説明し、なっ得してもらえたらサインをもらいましょう。

(1) $3.12 \times 61 =$
190.32

```
  3.12
×   61
  312
 1872
190,32
```
答えの小数点を左へ2けた

(2) $1.93 \times 9.1 =$
17.563

```
  1.93
×  9.1
  193
 1737
17,563
```
答えの小数点を左へ3けた

(3) $781 \times 2.3 =$
1796.3

```
   781
×  2.3
  2343
 1562
17963
```
答えの小数点を左へ1けた

(4) $39.2 \times 7.4 =$
290.08

```
   39.2
×   7.4
  1568
 2744
29008
```
答えの小数点を左へ2けた

(5) $0.82 \times 4.5 =$
3.69

```
  0.82
×  4.5
  410
 328
 3.690
```
答えの小数点を左へ3けた

(6) $0.9 \times 2.5 =$
2.25

```
   0.9
×  2.5
   45
  18
 2,25
```
答えの小数点を左へ2けた

✏️ 友だちのサイン | | | |

小数のかけ算 4

_____組_____番 氏名_____

🏅 GOAL
全員が小数で面積や体積を求めたり、工夫してやり方を説明することができる。

❶ 下の図形の面積は何 cm² ですか。

2.4cm / 3.3cm

[式] $3.3 \times 2.4 = 7.92$

5.2cm

[式] $2.6 \times 2.6 \times 3.14 = 21.2264$

❷ 下の直方体の体積は何 cm³ ですか。

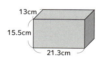
13cm / 15.5cm / 21.3cm

[式] $13 \times 15.5 \times 21.3 = 4291.95$

❸ 下の問題を筆算を使わずに工夫して計算しましょう。やり方を3人に説明し、なっ得してもらえたらサインをもらいましょう。

(1) $3.14 \times 2.5 \times 4$ (2) $6.5 \times 1.3 + 3.5 \times 1.3$

（例）(1) $3.14 \times (2.5 \times 4) = 31.4$
    (2) $(6.5 + 3.5) \times 1.3 = 13$

数を組み合わせて、10や100ができそうなものを先に計算する。

✏️ 友だちのサイン | | | |

小数のかけ算 5

_____組_____番 氏名_____

🏅 GOAL
全員が小数で面積や体積を求めたり、工夫したりして計算することができる。

❶ 下の長方形の面積は何 m² ですか。

6.2m / 4.7m

[式] $4.7 \times 6.2 = 29.14$
[答え] 29.14m²

❷ 下の直方体の体積は何 m³ ですか。

0.7m / 1.3m / 0.9m

[式] $0.7 \times 1.3 \times 0.9 = 0.819$
[答え] 0.819m³

❸ $2.4 \times 1.3 + 2.6 \times 1.3$ を工夫して3人に説明し、なっ得してもらえたらサインをもらいましょう。

（例）$(2.4 + 2.6) \times 1.3$ とする。すると、$5 \times 1.3 = 6.5$

答え 6.5

✏️ 友だちのサイン | | | |

小数のかけ算 6

_____組_____番 氏名_____

🏅 GOAL
全員が小数倍の問題を解き、やり方を説明することができる。

❶ 3本の針金があります。㋐の針金は10m、㋑の針金は16m、㋒の針金は9mです。

(1) ㋑の針金の長さは、㋐の針金の長さの何倍ですか。

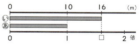

[式] $16 \div 10 = 1.6$
[答え] 1.6倍

(2) ㋒の針金の長さは、㋐の針金の長さの何倍ですか。

[式] $9 \div 10 = 0.9$
[答え] 0.9倍

❷ まさとさんの体重は34kgです。兄の体重はまさとさんの1.5倍、妹の体重はまさとさんの体重の0.8倍です。兄と妹の体重の求め方を3人に説明し、なっ得してもらえたらサインをもらいましょう。

（例）兄はまさとさんの体重の1.5倍であることが表からわかる。
　　　よって $34 \times 1.5 = 51$
　　　妹はまさとさんの体重の0.8倍であることが表からわかる。
　　　よって $34 \times 0.8 = 27.2$

答え 兄 51kg、妹 27.2kg

✏️ 友だちのサイン | | | |

答え

小数のわり算 ❶

___組___番 氏名_____

🏅 GOAL
全員が小数でわるわり算の意味や，計算の仕方を説明することができる。

❶ リボン 3.2m を買うとねだんは 96 円でした。このリボンの 1m のねだんを求めましょう。

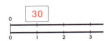

(1) 1m のリボンの代金を求め，答えを□に書きましょう。
[式] __96 ÷ 3.2 = 30__ [答え] __30 円__

(2) 0.1m のねだんを求めてから，1m のねだんを求めましょう。式の□に当てはまる数字を書きましょう。
96 ÷ 3.2 = 96 ÷ 32 × __10__

(3) 32m のねだんを求めてから，1m のねだんを求めましょう。
[式] __96 ÷ 3.2 = 96 × 10 ÷ 32__ [答え] __30 円__

(4) 1m のねだんはいくらですか。(__30 円__)

❷ 4.2m のリボンのねだんを調べたら 84 円でした。このリボンの 1m のねだんはいくらですか。やり方を説明し，3 人に説明し，なっ得してもらえたらサインをもらいましょう。ただし，2 種類のやり方を説明しなさい。

(例) ① 0.1m のねだんを求めてから，1m のねだんを求める。
84 ÷ 42 × 10 = 20
② 42m のねだんを求めてから，1m のねだんを求める。
84 × 10 ÷ 42 = 20

✏ 友だちのサイン | | |

小数のわり算 ❷

___組___番 氏名_____

🏅 GOAL
全員が小数÷小数の筆算の計算の仕方を説明することができる①。

❶ 13.4m の重さが 676.7g のロープがあります。このロープ 1m の重さは何 g ですか。

(1) 下に計算の仕方と説明文の□に当てはまる言葉や数字を入れましょう。

676.7	÷	13.4	=	__50.5__	等しい	676.7 ÷ 13.4 の商は，
↓ ×__10__		↓ ×__10__				676.7 と 13.4 の __両方__ を __10__ 倍した
6767	÷	134	=	__50.5__		67 ÷ 134 の商と等しくなっている。

676.7 ÷ 13.4 = (676.7 × __10__) ÷ (13.4 × __10__)
= 6767 ÷ 134
= 50.5　　[答え] __50.5g__

(2) 676.7 ÷ 13.4 の筆算の仕方を，右にまとめました。□に当てはまる文字や数字を入れましょう。

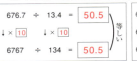

676.7 と 13.4 の両方の商を 10 倍して計算するため，それぞれの小数点を __右__ に __1つ__ うつす。

❷ 210 ÷ 84 = 2.5 をもとにして，下の問題をとき，3 人に説明し，なっ得してもらえたらサインをもらいましょう。

(1) 21 ÷ 8.4
それぞれを 10 倍して
210 ÷ 84 = 2.5

(2) 2.1 ÷ 0.84
それぞれを 100 倍して
210 ÷ 84 = 2.5

✏ 友だちのサイン | | |

小数のわり算 ❸

___組___番 氏名_____

🏅 GOAL
全員が小数÷小数の筆算の計算の仕方を説明することができる②。

❶ 小数をわる筆算の仕方をまとめています。□に当てはまる言葉を入れましょう。

(1) わる数の小数点を右にうつして，__整数__ になおす。
(2) わられる数の小数点も，わる数の小数点をうつした数だけ __右__ にうつす。
(3) わる数が整数のときと同じように計算し，商の小数点は，__わられる数__ の右にうつした小数点に __そろえて__ うつ。

```
    3.5
1.5)5.2.5
    75
    75
     0
```

❷ 下の問題をとき，3 人に説明し，なっ得してもらえたらサインをもらいましょう。

(1) 30.5 ÷ 2.5 = __12.2__
それぞれを 10 倍して
305 ÷ 25 = 12.2

(2) 4.62 ÷ 1.32 = __3.5__
それぞれを 100 倍して
462 ÷ 132 = 3.5

(3) 4.35 ÷ 2.5 = __1.74__
わる数 (2.5) の小数点を右にうつして整数にし，同じだけわられる数の小数点をうつす。
43.5 ÷ 25 = 1.74

(4) 3.5 ÷ 1.4 = __2.5__
わる数 (1.4) の小数点を右にうつして整数にし，同じだけわられる数の小数点をうつす。
3.5 ÷ 1.4 = 2.5

✏ 友だちのサイン | | |

小数のわり算 ❹

___組___番 氏名_____

🏅 GOAL
全員が小数のわり算であまりを考えるときは，あまりの小数点は，わられる数のもとの小数点にそろえてうつことを説明することができる。

3.5m のリボンを，1 人につき 0.6m ずつ配ります。何人に配れて何 m あまりますか。

❶ 下に計算の仕方をまとめています。□に当てはまる数字を入れましょう。

右の筆算で，あまった 5 は，__0.1__ が __5__ こあるということである。
検算してみると，0.6 × 5 + __0.5__ = __3.5__

```
      5
0.6)3.5
    30
     5
```

❷ 下に小数のわり算のあまりの考えをまとめています。□に当てはまる言葉を入れましょう。

小数のわり算であまりを考えるとき，あまりの小数点は，__わられる数__ のもとの小数点に __そろえて__ うつ。

```
      5
0.6)3.5
    3 0
    0.5
```

❸ 下の問題を商は一の位まで求めて，あまりも出しましょう。そのとき方を 3 人に説明し，なっ得してもらえたらサインをもらいましょう。

5.7 ÷ 2.8 = __2 あまり 0.1__
小数点を右にうつして計算し，あまりが出たら，わられる数のもとの小数点 (5.7) にそろえる。

```
     2
2.8)5.7
    5 6
    0.1
```

38 ÷ 1.8 = __21 あまり 0.2__
左の問題と同様に

```
      21
1.8)380
    36
     20
     18
     0.2
```

✏ 友だちのサイン | | |

小数のわり算 5

___組___番 氏名_____

GOAL 全員が小数の倍やもとにする大きさを求めるやり方を説明することができる。

❶ 下の表は，赤，青，緑の 3 種類のリボンの長さを表しています。

色	長さ(m)
赤	2.6
青	5.2
緑	1.3

(1) 緑のリボンは赤のリボンの長さをもとにすると，何倍ですか。

［式］ 1.3 ÷ 2.6 ＝ 0.5   ［答え］ 0.5 倍

(2) 青のリボンは赤のリボンの長さをもとにすると，何倍ですか。

［式］ 5.2 ÷ 2.6 ＝ 2   ［答え］ 2 倍

❷ 1.8kg のひき肉 A があります。これはひき肉 B の 1.2 倍の重さです。ひき肉 B は何 kg ですか。ひき肉 B を □ kg とし，かけ算の式にして求めましょう。

式　□ × 1.2 ＝ 1.8
　　□ ＝ 1.8 ÷ 1.2
　　□ ＝ 1.5　　　［答え］ 1.5kg

❸ 1995 年から 2010 年にかけて，ねだんの上がりが大きいのはアイスとジュースのどちらですか。理由を 3 人に説明し，なっ得してもらえたらサインをもらいましょう。

アイス

（例）2010 年のねだんを 1995 年のねだんでわり，数字が大きい方が答えになる。
　　90 ÷ 60 ＝ 1.5
　　130 ÷ 100 ＝ 1.3　　答え　アイス

合同な図形 1

___組___番 氏名_____

GOAL 全員が合同の意味がわかり，対応する頂点，辺，角を説明することができる。

❶ 下の四角形㋐，㋑は合同です。

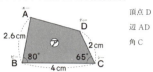

(1) 対応する頂点，辺，角を書きましょう。

頂点 D　（ 頂点 F ）
辺 AD　（ 辺 FG ）
角 C　（ 角 E ）

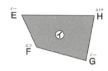

(2) 次の辺の長さや角の大きさを求めましょう。

辺 EF　（ 2cm ）
角 E　（ 65° ）

❷ 右の図形の中で合同な図形を 3 組あげましょう。理由を「合同」，「辺」，「頂点」という単語を使って 3 人に説明し，なっ得してもらえたらサインをもらいましょう。

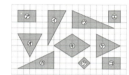

（㋐と㋡）（㋑と㋕）（㋔と㋙）の 3 組。
（例）それぞれの図形をうら返したり，移動させたりしてマス目と合わせると，辺と頂点が重なるから合同である。

合同な図形 2

___組___番 氏名_____

GOAL 全員が合同な三角形や四角形をかくことができる。

❶ 下の三角形と合同な三角形をかきましょう。

❷ 合同な三角形のかき方を使って，下の平行四辺形と合同な平行四辺形をかきましょう。

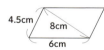 

❸ 下の三角形と合同な三角形をかきます。そのためのかき方を 3 人に説明し，なっ得してもらえたらサインをもらいましょう。

（例）①辺 AC の長さをはかり，底辺の線をひく。
　　②辺 AC の両はしを中心として，コンパスで残りの AB，CB の長さを半径とする円をかく。
　　③円が交わったところが頂点 B となる。
　　④頂点 B から，A，C に向かって線を引く。

偶数と奇数 1

___組___番 氏名_____

GOAL 全員が偶数と奇数を理解し，説明することができる。

❶ 次の整数を，偶数と奇数に分けましょう。

8，22，31，109，242

［偶数］　8，22，242
［奇数］　31，109

❷ □に当てはまる数を書きましょう。

(1) 14 ＝ 2 × 7　　(2) 13 ＝ 2 × 6 ＋ 1
(3) 33 ＝ 2 × 16 ＋ 1　　(4) 34 ＝ 2 × 17
(5) 242 ＝ 2 × 121　　(6) 255 ＝ 2 × 127 ＋ 1

❸ 偶数と奇数がどのようなものか，それぞれ数字を使って説明しなさい。3 人に説明し，なっ得してもらえたらサインをもらいましょう。

（例）偶数：242　2 で割ることのできる整数。
　　奇数：243　2 で割り切ることのできない整数。

答え

偶数と奇数 ❷

___組___番 氏名___

GOAL 全員が倍数，公倍数，最小公倍数の意味とその見つけ方が説明できるようになる。

❶ 20 までの数について，下の数直線を使って答えましょう。

(1) 2 の倍数，3 の倍数を○で囲みましょう。

2 の倍数： 0 1 ②　③ ④ 5 ⑥ 7 ⑧ 9 ⑩ 11 ⑫ 13 ⑭ 15 ⑯ 17 ⑱ 19 ⑳

3 の倍数： 0 1 2 ③ 4 5 ⑥ 7 8 ⑨ 10 11 ⑫ 13 14 ⑮ 16 17 ⑱ 19 20

(2) 2 と 3 の公倍数を全部求めましょう。　(6, 12, 18)

(3) 2 と 3 の最小公倍数を求めましょう。　(6)

❷ 次の数の倍数を，小さい順に 3 つ答えましょう。

(1) 5 の倍数　(5, 10, 15)

(2) 8 の倍数　(8, 16, 24)

❸ (　) の中の数の公倍数を小さい順に 3 つ求めましょう。

(1) (4, 5) (20, 40, 60)　(2) (9, 10) (90, 180, 270)

(3) (4, 13) (52, 104, 156)

❹ (3, 6, 8) の中の最小公倍数を求め，とき方を 3 人に説明し，なっ得してもらえたらサインをもらいましょう。

（例）(3,6,8) の中で 6 は 3 の倍数だから，6,8 の最小公倍数で考える。
すると 24 である。24 は 3 でも割り切れるため，答えは 24

答え　24

友だちのサイン

偶数と奇数 ❸

___組___番 氏名___

GOAL 全員が約数，公約数，最大公約数の意味とその見つけ方がわかる。

❶ 25 までの数について，下の数直線を使って答えましょう。

(1) 12 の約数，20 の約数を○を使って囲みましょう。

12 の約数： 0 ① ② ③ ④ 5 ⑥ 7 8 9 10 11 ⑫ 13 14 15 16 17 18 19 20 21 22 23 24 25

20 の約数： 0 ① ② 3 ④ ⑤ 6 7 8 9 ⑩ 11 12 13 14 15 16 17 18 19 ⑳ 21 22 23 24 25

(2) 12 と 20 の公約数を，全部求めましょう。　(1, 2, 4)

(3) 12 と 20 の最大公約数を求めましょう。　(4)

❷ 次の数の約数を，全部求めましょう。

(1) 16 の約数　(1, 2, 4, 8, 16)

(2) 13 の約数　(1, 13)

❸ (　) の中の数の公約数を，全部求めましょう。また，最大公約数を求めましょう。

(1) (12, 16)　[公約数] (1, 2, 4)　[最大公約数] (4)

(2) (14, 24)　[公約数] (1, 2)　[最大公約数] (2)

❹ (12, 24, 56) の中の数の最大公約数を求め，3 人にやり方を説明し，なっ得してもらえたらサインをもらいましょう。

（例）24 は 12 の倍数である。そのため，12 の約数は 24 の約数である。そのため，24 と 56 の約数を考える。すると約数は (1, 2, 4, 8) である。なので，最大公約数は 8 である。　答え　8

友だちのサイン

分数と小数，整数の関係 ❶

___組___番 氏名___

GOAL 全員が整数のわり算の商を分数で表すことができる①。

❶ 下の図をみて，3L を 4 等分した量を分数で表しましょう。

$3 ÷ 4 = □$　($\frac{3}{4}$)

❷ わり算の商を分数で表しましょう。

(1) $1 ÷ 2 =$ ($\frac{1}{2}$)　(2) $7 ÷ 13 =$ ($\frac{7}{13}$)

(3) $11 ÷ 17 =$ ($\frac{11}{17}$)　(4) $6 ÷ 5 =$ ($\frac{6}{5}$)

❸ □に当てはまる数を書きましょう。

(1) $\frac{3}{7} = 3 ÷ \boxed{7}$　(2) $\frac{13}{9} = \boxed{13} ÷ 9$　(3) $\frac{19}{13} = 19 ÷ \boxed{13}$

❹ $\frac{9}{8}$ を整数のわり算で表す問題で，$8 ÷ 9$ という式を書いたクラスメイトがいました。この答えのどこがまちがえているか，また，正しい答えを書いて 3 人に説明し，なっ得してもらえたらサインをもらいましょう。

（例）$8 ÷ 9$ なら答えは $\frac{8}{9}$ となり，分母と分子が逆になってしまう。
だから正しい式は $9 ÷ 8$ になる。

友だちのサイン

分数と小数，整数の関係 ❷

___組___番 氏名___

GOAL 全員が整数のわり算の商を分数で表すことができる②。

❶ 次の問題に分数で答えましょう。

(1) 34kg は 50kg の何倍ですか。

[式] $34 ÷ 50 = \frac{34}{50}$　[答え] $\frac{34}{50}$ 倍

(2) 5L を 1 とすると 16 はいくつに当たりますか。

[式] $16 ÷ 5 = \frac{16}{5}$　[答え] $\frac{16}{5}$

(3) 1dL を 1 とすると 10L はいくつにあたりますか。dL で表しなさい。

[式] $100 ÷ 1 = 100$　[答え] 100dL

❷ 分数同士のわり算となる問題を 2 つ作りなさい。3 人に説明し，なっ得してもらえたらサインをもらいましょう。

（例）リボンが 3 本あります。リボン A は 3m，リボン B は 5m，リボン C は 8m です。
(1) リボン A はリボン B の何倍ですか。
$3 ÷ 5 = \frac{3}{5}$
(2) リボン B はリボン C の何倍ですか。
$5 ÷ 8 = \frac{5}{8}$

友だちのサイン

116

分数と小数，整数の関係 3

組　　番　氏名

GOAL 全員が分数，小数，整数の関係を表すことができる。

❶ 次の分数を小数や整数で表しましょう。
(1) $\frac{6}{8}$ = 0.75　　(2) $\frac{7}{2}$ = 3.5
(3) $1\frac{1}{4}$ = 1.25

❷ 次の小数を分数で表しましょう。
(1) 0.4 = $\frac{4}{10}$　　(2) 0.13 = $\frac{13}{100}$

❸ 次の小数を分数で表しましょう。
(1) 0.7 ($\frac{7}{10}$)　　(2) 2.01 ($\frac{201}{100}$)

❹ 分数を小数で表すやり方を例をあげて 3 人に説明し，なっ得してもらえたらサインをもらいましょう。

（例）**分子を分母でわる。**
　　例：$\frac{9}{100}$ の分母は 100，分子は 9 である。
　　　　9 ÷ 100 となり，0.09 となる。

分数と小数，整数の関係 4

組　　番　氏名

GOAL 全員が大きさの等しい分数がわかり，約分の説明ができる。

❶ □に当てはまる数を書きましょう。
(1) $\frac{2}{3} = \frac{2 \times 5}{3 \times 5} = \frac{10}{15}$　　(2) $\frac{17}{9} = \frac{17 \times 3}{9 \times 3} = \frac{51}{27}$
(3) $\frac{4}{8} = \frac{4 \div 4}{8 \div 4} = \frac{1}{2}$

❷ 次の数を約分しましょう。
(1) $\frac{9}{3}$ = (3)　　(2) $\frac{22}{33}$ = ($\frac{2}{3}$)
(3) $2\frac{3}{45}$ = ($\frac{31}{15}$)　　(4) $2\frac{91}{91}$ = (3)

❸ 「約分」という言葉がわからないクラスメイトにわかりやすく説明しましょう。ただし，「公約数」という言葉と，実際の分数を使って 3 人に説明し，なっ得してもらえたらサインをもらいましょう。

（例）$\frac{2}{20}$ を約分する場合，分母と分子を公約数でわる。分母を小さい
　　分数にすることを約分という。20 と 2 の公約数は 2 である。だから，
　　$\frac{2}{20}$ は $\frac{1}{10}$ になる。

分数と小数，整数の関係 5

組　　番　氏名

GOAL 全員が通分の意味がわかり，通分の説明をすることができる。

❶ 次の分数を通分してどちらが大きいかをくらべ，□に不等号を書きましょう。
(1) $\frac{2}{3}$ と $\frac{3}{4}$　　[通分] $\frac{8}{12}$ と $\frac{9}{12}$　　$\frac{2}{3}$ < $\frac{3}{4}$
(2) $\frac{12}{13}$ と $\frac{5}{6}$　　[通分] $\frac{72}{78}$ と $\frac{65}{78}$　　$\frac{12}{13}$ > $\frac{5}{6}$

❷ 分数を通分しましょう。
(1) $\frac{2}{4}$ と $\frac{4}{6}$ ($\frac{6}{12}$ と $\frac{8}{12}$)　　(2) $\frac{2}{3}$ と $\frac{7}{18}$ ($\frac{12}{18}$ と $\frac{7}{18}$)
(3) $\frac{4}{7}$ と $\frac{3}{8}$ ($\frac{32}{56}$ と $\frac{21}{56}$)　　(4) $1\frac{1}{4}$ と $2\frac{4}{6}$ ($\frac{15}{12}$ と $\frac{32}{12}$)

❸ 「通分」がわからないクラスメイトに「通分」を説明しましょう。ただし，「分母」という言葉と，実際の分数を使って 3 人に説明し，なっ得してもらえたらサインをもらいましょう。

（例）($\frac{4}{7}$ と $\frac{3}{8}$) を使って通分を説明する。分母の公倍数を求めて，
　　分母の大きさをそろえることを通分という。($\frac{4}{7}$ と $\frac{3}{8}$) であれば，
　　($\frac{32}{56}$ と $\frac{21}{56}$) となる。

分数のたし算とひき算 1

組　　番　氏名

GOAL 全員が分母がちがう分数のたし算，ひき算のやり方を説明することができる。

❶ 次の計算をしましょう。
(1) $\frac{2}{3} + \frac{3}{4} = \frac{17}{12}$　　(2) $\frac{1}{9} + \frac{3}{4} = \frac{31}{36}$　　(3) $\frac{3}{11} + \frac{7}{8} = \frac{101}{88}$
(4) $\frac{5}{2} + \frac{17}{8} = \frac{37}{8}$　　(5) $\frac{3}{4} - \frac{2}{9} = \frac{19}{36}$　　(6) $\frac{2}{3} - \frac{5}{6} = \frac{2}{6} = \frac{1}{3}$
(7) $\frac{88}{99} - \frac{2}{11} = \frac{70}{99}$　　(8) $\frac{5}{3} - \frac{2}{12} = \frac{14}{12} = \frac{7}{6}$

❷ $\frac{2}{4} + \frac{4}{6} = \frac{6}{10}$，$\frac{15}{12} - \frac{1}{3} = \frac{14}{9}$ と答えたクラスメイトがいます。このクラスメイトはどこがまちがえていたのか，そして正しい答えを 3 人に説明し，なっ得してもらえたらサインをもらいましょう。

（例）正しいやり方は，分母同士，分子同士をたし算するのではなく，
　　通分してたし算，ひき算を行う。
　　正しくは，$\frac{2}{4} + \frac{4}{6} = \frac{6}{12} + \frac{8}{12} = \frac{14}{12}$
　　$\frac{14}{12}$ を約分すると $\frac{7}{6}$ となる。
　　$\frac{15}{12} - \frac{1}{3} = \frac{15}{12} - \frac{4}{12}$，$\frac{15}{12} - \frac{4}{12} = \frac{11}{12}$ となる。

答え

分数のたし算とひき算 ❷

___組 ___番 氏名_____

GOAL: 全員が約分を使って分母がちがう分数のたし算，ひき算のやり方を説明することができる。

❶ □に当てはまる数を書きましょう。

(1) $\frac{1}{6} + \frac{1}{3} = \frac{\boxed{2}}{12} + \frac{\boxed{4}}{12} = \frac{\cancel{6}}{12} = \frac{\boxed{1}}{\boxed{2}}$

(2) $\frac{3}{4} - \frac{1}{12} = \frac{\boxed{9}}{12} - \frac{1}{12} = \frac{\cancel{8}}{12} = \frac{\boxed{2}}{\boxed{3}}$

❷ 分数の計算をしましょう。

(1) $\frac{1}{3} + \frac{1}{6} = \frac{2}{6} + \frac{1}{6} = \frac{\cancel{3}}{\cancel{6}} = \frac{1}{2}$

(2) $\frac{1}{14} + \frac{13}{14} = \frac{14}{14} = 1$

(3) $\frac{9}{11} + \frac{7}{99} = \frac{81}{99} + \frac{7}{99} = \frac{88}{99} = \frac{8}{9}$

(4) $\frac{5}{6} - \frac{1}{3} = \frac{5}{6} - \frac{2}{6} = \frac{\cancel{3}}{\cancel{6}} = \frac{1}{2}$

(5) $\frac{5}{3} - \frac{2}{12} = \frac{20}{12} - \frac{2}{12} = \frac{\cancel{18}}{\cancel{12}} = \frac{3}{2}$

(6) $\frac{18}{19} - \frac{17}{38} = \frac{36}{38} - \frac{17}{38} = \frac{19}{38} = \frac{1}{2}$

❸ $\frac{15}{12} - \frac{1}{5} = \frac{14}{7} = 2$ と書いたクラスメイトがいます。正しい計算の仕方を書いて3人に説明し，なっ得してもらえたらサインをもらいましょう。ただし，「約分」，「通分」という言葉を必ず使いなさい。

（例）$\frac{15}{12} - \frac{1}{5}$ を計算するとき，通分をして，分母をそろえる。
$\frac{75}{60} - \frac{12}{60} = \frac{63}{60}$ となる。$\frac{63}{60}$ を約分すると $\frac{21}{20}$ となる。

友だちのサイン

分数のたし算とひき算 ❸

___組 ___番 氏名_____

GOAL: 全員が3つの分数のたし算やひき算のやり方を説明することができる。

❶ □に当てはまる数を書きましょう。

(1) $\frac{3}{4} + \frac{1}{12} + \frac{3}{6} = \frac{\boxed{9}}{12} + \frac{1}{12} + \frac{\boxed{6}}{12} = \frac{\boxed{16}}{12}$

(2) $\frac{3}{4} + \frac{1}{12} - \frac{3}{6} = \frac{\boxed{9}}{12} + \frac{1}{12} - \frac{\boxed{6}}{12} = \frac{\boxed{4}}{12}$

❷ 分数の計算をしましょう。

(1) $\frac{1}{6} + \frac{1}{3} + \frac{1}{4} = \frac{2}{12} + \frac{4}{12} + \frac{3}{12} = \frac{9}{12} = \frac{3}{4}$

(2) $\frac{2}{3} + \frac{4}{9} - \frac{3}{16} = \frac{12}{18} + \frac{8}{18} - \frac{9}{18} = \frac{11}{18}$

(3) $\frac{1}{9} + \frac{5}{36} + \frac{6}{18} = \frac{4}{36} + \frac{5}{36} + \frac{12}{36} = \frac{21}{36} = \frac{7}{12}$

(4) $\frac{43}{42} + \frac{1}{3} - \frac{7}{6} = \frac{43}{42} + \frac{14}{42} - \frac{49}{42} = \frac{8}{42} = \frac{4}{21}$

❸ $\frac{17}{64} + \frac{3}{16} - \frac{13}{32} = \frac{7}{48}$ と書いたクラスメイトがいました。この計算の正しい方法を3人に説明し，なっ得してもらえたらサインをもらいましょう。

（例）$\frac{17}{64} + \frac{3}{16} - \frac{13}{32}$ を計算するとき，分母は分母，分子は分子で計算しない。分母を通分し，分母をそろえてからたし算，ひき算の計算をすると，答えは $\frac{3}{64}$ になる。

友だちのサイン

分数のたし算とひき算 ❹

___組 ___番 氏名_____

GOAL: 全員が分母がちがう帯分数のたし算，ひき算のやり方を説明することができる。

❶ 次の計算をしましょう。

(1) $1\frac{3}{4} + 2\frac{2}{12} = 1\frac{9}{12} + 2\frac{2}{12} = 3\frac{11}{12}$

(2) $3\frac{11}{15} + 5\frac{3}{4} = 3\frac{44}{60} + 5\frac{45}{60} = 8\frac{89}{60} = 9\frac{29}{60}$

(3) $2\frac{4}{3} + 5\frac{3}{4} = 2\frac{16}{12} + 5\frac{6}{12} = 7\frac{22}{12} = 7\frac{11}{6} = 8\frac{5}{6}$

(4) $3\frac{3}{4} - 1\frac{1}{4} = \frac{15}{4} - \frac{5}{4} = \frac{10}{4} = 2\frac{5}{4} = 2\frac{1}{2}$

(5) $2\frac{10}{12} - 1\frac{2}{6} = 2\frac{5}{6} - 1\frac{2}{6} = 1\frac{3}{6} = 1\frac{1}{2}$

❷ $3\frac{5}{12} + 7\frac{1}{2} = 10\frac{6}{14}$ と書いたクラスメイトがいました。正しい答えととき方を3人に説明し，なっ得してもらえたらサインをもらいましょう。

（例）分母同士，分子同士をたすのではなく，まず，帯分数を仮分数に直してからたし算の計算をする。
$\frac{41}{12} + \frac{15}{2}$ となる。次に通分を行う。$\frac{41}{12} + \frac{90}{12} = \frac{131}{12}$ となる。
さいごに帯分数になおして，$10\frac{11}{12}$ となる。

友だちのサイン

分数のたし算とひき算 ❺

___組 ___番 氏名_____

GOAL: 全員が分数と小数のまじった計算のやり方を説明することができる。

❶ 次の計算をしましょう。

(1) $\frac{3}{4} + 0.25 = \frac{3}{4} + \frac{1}{4} = 1$

(2) $\frac{2}{3} + 0.3 = \frac{2}{3} + \frac{3}{10} = \frac{20}{30} + \frac{9}{30} = \frac{29}{30}$

(3) $0.2 + \frac{2}{5} = \frac{2}{10} + \frac{4}{10} = \frac{6}{10} = \frac{3}{5}$

(4) $0.15 + \frac{3}{10} = \frac{15}{100} + \frac{3}{10} = \frac{3}{20} + \frac{6}{20} = \frac{9}{20}$

(5) $0.75 - \frac{1}{4} = \frac{3}{4} - \frac{1}{4} = \frac{2}{4} = \frac{1}{2}$

(6) $0.3 - \frac{3}{100} = \frac{3}{10} - \frac{3}{100} = \frac{30}{100} - \frac{3}{100} = \frac{27}{100}$

❷ $0.03 - \frac{1}{100}$ の計算の仕方を2通り考え，3人に説明し，なっ得してもらえたらサインをもらいましょう。

（例）①小数−小数で考える。
$\frac{1}{100}$ は 0.01 であるから，
$0.03 - \frac{1}{100} = 0.03 - 0.01 = 0.02 = \frac{2}{100} = \frac{1}{50}$ となる。

②分数−分数で考える。
0.03 を $\frac{3}{100}$ とし，$0.03 - \frac{1}{100} = \frac{3}{100} - \frac{1}{100} = \frac{2}{100} = \frac{1}{50}$ となる。

友だちのサイン

分数のたし算とひき算 6

___組 ___番 氏名___

GOAL 全員が分数を使って時間を表す方法を説明することができる。

❶ □に当てはまる分数を書きましょう。

(1) 12分 = $\frac{12}{60}$ = $\frac{1}{5}$ 時間

(2) 15分 = $\frac{15}{60}$ = $\frac{1}{4}$ 時間

(3) 8分 = $\frac{8}{60}$ = $\frac{2}{15}$ 時間

(4) 3秒 = $\frac{3}{60}$ = $\frac{1}{20}$ 分

(5) 85分 = $\frac{85}{60}$ = $\frac{17}{12}$ = $1\frac{5}{12}$ 時間

❷ 「12分は何時間ですか。分数で表しましょう。」という問題のやり方を3人に説明し、なっ得してもらえたらサインをもらいましょう。

（例）1時間を分数で表すと $\frac{60}{60}$ 分、1分間は $\frac{1}{60}$ 時間となる。12分は $\frac{1}{60}$ 分が12個あることになるので $\frac{1}{60} × 12 = \frac{12}{60} = \frac{1}{5}$ 時間となる。

友だちのサイン

平均 1

___組 ___番 氏名___

GOAL 全員が平均の意味と求め方がわかる。

❶ 「平均」の求め方をわり算を使って3人に説明し、なっ得してもらえたらサインをもらいましょう。

（例）平均とは、いくつかの数量を、等しい大きさになるようにならしたものであり（平均）＝（合計）÷（こ数）と表すことができる。

友だちのサイン

❷ 次の数量の平均を求めましょう。

① (12cm, 9cm, 15cm, 8cm)

[式] （12+9+15+8）÷ 4 = 11

[答え] 11cm

② (20dL, 18dL, 15dL, 21dL, 16dL)

[式] （20+18+15+21+16）÷ 5 = 18

[答え] 18dL

③ (37m², 39m², 40m², 35m², 44m², 42m²)

[式] （37+39+40+35+44+42）÷ 6 = 39.5

[答え] 39.5m²

平均 2

___組 ___番 氏名___

GOAL 全員が平均から全体の量を求めることができる①。

❶ 先週、さとみさんは1日平均4dLの麦茶を飲みました。1ヶ月間同じように飲むとすると、1ヶ月では何L飲むことになるでしょうか。1ヶ月は30日とします。

[式] 4 × 30 = 120   120dL = 12L

[答え] 12L

❷ ひろきさんは、先月に1日平均3kmずつ歩きました。同じように歩くとすると、72km歩くには何日かかりますか。どうやって計算すればいいか3人に説明し、なっ得してもらえたらサインをもらいましょう。

同じように歩くとすると、1週間では

[式] 3 × 7 = 21

つまり（ 21 ）km歩くことになる。

また同じように歩くとすると、72km歩くには

[式] 72 ÷ 3 = 24 [答え] 24日 かかる。

友だちのサイン

平均 3

___組 ___番 氏名___

GOAL 全員が平均から全体の量を求めることができる②。

❶ リンゴ1この重さの平均が0.3kgだとすると、リンゴ何こ分で重さが12kgになりますか。

[式] 12 ÷ 0.3 = 40   [答え] 40こ（分）

❷ こうたさんが20歩歩いたときの長さをはかったら、12.8mでした。

①こうたさんの一歩の歩はばは、平均何mですか。

[式] 12.8 ÷ 20 = 0.64   [答え] 0.64m

②こうたさんの学校のろう下のはしからはしまで歩いたら、90歩ありました。歩はばは0.64mです。ろう下の長さはおよそ何mですか。求め方を2人に説明し、なっ得してもらえたらサインをもらいましょう。

[式] 0.64 × 90 = 57.6   [答え]（約）57.6m

[説明]

（例）こうたさんの1歩の歩はばが0.64mで、ろう下のはしからはしまでは90歩なので、0.64 × 90 = 57.6となる。

友だちのサイン

答え

平均 4

GOAL 全員が 0 がある場合の平均を求めることができる。

❶ 下の表は，先週の 5 年 1 組の欠席者の人数を調べたものです。

曜日	月	火	水	木	金
人数（人）	4	2	0	5	3

(1) この週の欠席者の人数の合計は何人ですか。

[式] 4+2+0+5+3=14　　[答え] 14 人

(2) この週は，1 日平均何人欠席したことになりますか。

[式] 14÷5=2.8　　[答え] 2.8 人

❷ 下の数は，ゆうとさんのサッカーチームの最近 7 試合の得点を表しています。最近 7 試合では，1 試合に平均何点とったことになりますか。

1試合目	2試合目	3試合目	4試合目	5試合目	6試合目	7試合目
3点	2点	0点	5点	4点	3点	4点

[式] (3+2+0+5+4+3+4)÷7=3

[答え] 3 点

平均 5

GOAL 全員がこみぐあいをくらべることができる。

❶ 右の表は，えりさんの学校の庭にある 3 つの花だんの面積と，そこに植えてある花の数を表したものです。花だんのこみぐあいをくらべましょう。

	面積(m²)	数(本)
北庭	6	30
中庭	6	28
南庭	4	28

北庭と南庭の花だんではどちらがこんでいますか。
1m² あたりの花の数を求めてくらべましょう。

[式] 北庭…30÷6=5（本）
南庭…28÷4=7（本）

[答え] 南庭

❷ 右の表は，2 つの公園の面積と遊んでいる子どもの人数を表したものです。どちらがすいているかを求めましょう。

	面積(m²)	人数(人)
東公園	500	40
西公園	600	60

(1) 1m² あたりの子どもの人数でくらべましょう。

[式] 東公園…40÷500=0.08（人）
西公園…60÷600=0.1（人）

[答え] 東公園

(2) 子ども一人あたりの面積でくらべましょう。

[式] 東公園…500÷40=12.5（m²）
西公園…600÷60=10（m²）

[答え] 東公園

平均 6

GOAL 全員が人口密度を求めることができる①。

❶ (1) と (2) ができたら，3 人に説明し，なっ得してもらえたらサインをもらいましょう。

(1) 人口密度という言葉を「人口」という言葉を使って説明しましょう。

（ 人口密度とは，1km² あたりの人口のことである。 ）

(2) 「人口密度」，「人口」，「面積」という言葉を使って，人口密度を求める式をたてましょう。

（ （人口密度）＝（人口）÷（面積（km²）） ）

友だちのサイン

❷ 千葉県と神奈川県の人口密度を，四捨五入して，上から 2 けたのがい数で求めましょう。

	面積(km²)	人口(万人)
千葉県	5157	619
神奈川県	2416	908

(1) 千葉県の人口密度

[式] 6190000÷5157=1200.3…

[答え] （約）1200（人）

(2) 神奈川県の人口密度

[式] 9080000÷2416=3758.2…

[答え] （約）3800（人）

平均 7

GOAL 全員が人口密度を求めることができる②。

❶ 山川市の面積は 162km² で，人口は 87463 人です。この市の人口密度を，四捨五入して，上から 2 けたのがい数で求めましょう。

[式] 87463÷162=539.8…

[答え] 約 540 人

❷ 桜町の面積は 21km² で，人口は 29541 人です。この町の人口密度を，四捨五入して，上から 2 けたのがい数で求めましょう。

[式] 29541÷21=1406.7…

[答え] 約 1400 人

❸ 自分の住んでいる町の人口密度を求めましょう。それが他の人とあっているかを 3 人とたしかめて，あっていたらおたがいにサインをしましょう。

（　　）町	面積	人口

[式]

[答え]

友だちのサイン

平均 8

___組 ___番 氏名_____

🏅 GOAL
全員が単位量あたりの大きさを使う問題ができる。

❶ 下の表は、しのぶさんの家のA、B2つの畑の面積と、とれた玉ねぎの重さを表したものです。どちらの畑で玉ねぎが多くとれましたか。また、なぜそうなるか3人に説明し、なっ得してもらえたらサインをもらいましょう。

	面積(m²)	とれた重さ(kg)
A	22	110
B	40	160

[Aの式]　110 ÷ 22 = 5

　　　　　　[1m² あたりにとれた重さ]　5kg

[Bの式]　160 ÷ 40 = 4

　　　　　　[1m² あたりにとれた重さ]　4kg

答え：玉ねぎがよくとれたのは、 A の畑である。

✏️ 友だちのサイン | | | |

❷ 20Lのガソリンで232km走る自動車Aと、30Lで375km走る自動車Bがあります。ガソリン1Lあたり走る道のりが長いのは、どちらの自動車でしょうか。

[A]　232 ÷ 20 = 11.6（km）

[B]　375 ÷ 30 = 12.5（km）

[答え]　自動車B

図形の角 ❶

___組 ___番 氏名_____

🏅 GOAL
全員が三角形の角の大きさを計算で求めることができる。

❶ 三角形の3つの角の大きさの和は、何度になりますか。

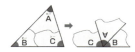

[答え]　180°

❷ あ, い, うの角度は何度か、計算で求めましょう。

(1)

[式]　180 − (55 + 65) = 60
[答え]　60°

(2)

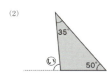

[式]　180 − (50 + 35) = 95
　　　　180 − 95 = 85
[答え]　85°

(3)

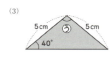

[式]　180 − (40 + 40) = 100
[答え]　100°

図形の角 ❷

___組 ___番 氏名_____

🏅 GOAL
全員が四角形の角の大きさを計算で求めることができる①。

❶ 四角形の4つの角の大きさの和は何度になりますか。3人に説明し、なっ得してもらえたらサインをもらいましょう。

あからかにむかって対角線をひくと、2つの三角形に分けられる。よって、三角形の内角の和は180°であるから
180 × 2 = 360
四角形の4つの角の大きさの和は、360°になる。

✏️ 友だちのサイン | | | |

❷ うの角度は何度ですか。計算で求めましょう。

[式]　360 − (110 + 90 + 80) = 80
[答え]　80°

図形の角 ❸

___組 ___番 氏名_____

🏅 GOAL
全員が四角形の角の大きさを計算で求めることができる②。

❶ あ, い, うの角度は何度ですか。計算で求めましょう。

(1)

[式]　360 − (115 + 60 + 110) = 75
[答え]　75°

(2)

[式]　360 − (75 + 85 + 80) = 120
[答え]　120°

(3)

[式]　360 − (100 + 120 + 85) = 55
　　　　180 − 55 = 125
[答え]　125°

答え

図形の角 ❹

__組 __番 氏名_____

🏅GOAL
全員が多角形の大きさの和がわかる①。

❶ 「多角形」について例などを使って，言葉で説明し，3人になっ得してもらえたらサインをもらいましょう。

三角形，四角形などのように，直線で囲まれた図形を，多角形という。

✎ 友だちのサイン

❷ 六角形の6つの角の大きさの和は何度になるか考えましょう。

(1) 1つの頂点から対角線をひくと，いくつの三角形に分けられますか。

1つの頂点から対角線をひくと，4つの三角形に分けられる。

(4つ)

(2) 六角形の6つの角の大きさの和は，何度になりますか。

六角形の6つの角の大きさに和は，180×4＝720

(720°)

図形の角 ❺

__組 __番 氏名_____

🏅GOAL
全員が多角形の大きさの和がわかる②。

❶ 八角形の角の大きさの和を求めましょう。また，どのように求めたかを3人に説明し，なっ得してもらえたらサインをもらいましょう。

・八角形の角の大きさの和は（ 1080° ）

[説明]

左図のように，1つの頂点から対角線をひくと6つの三角形ができる。三角形の内角の和は180°であるから，180×6＝1080 よって八角形の内角の和は1080°

✎ 友だちのサイン

❷ 下の表は，多角形の1つの頂点から対角線をひいてできる三角形の数と，角の大きさの和をまとめているものです。①〜④に当てはまる数や角の大きさの和を求めましょう。

	三角形	四角形	五角形	八角形
三角形の数	1	2	① 3	③ 6
角の大きさの和	180°	360°	② 540°	④ 1080°

百分率とグラフ ❶

__組 __番 氏名_____

🏅GOAL
全員が割合の意味がわかり，割合を求めることができる①。

❶ 割合を式を使って説明しましょう。そして3人に説明し，なっ得してもらえたらサインをもらいましょう。

割合は下の式のように表すことができる。
（割合）＝（比べられる量）÷（もとにする量）
（例）りんごが10こ，子どもが15人とき，子どもの人数をもとにしたりんごの割合を求めるときは，15÷10＝1.5 となる。

✎ 友だちのサイン

❷ パソコンクラブの定員は15人で，入部の希望者が18人います。定員をもとにした希望者数の割合を求めましょう。

[式] 18÷15＝1.2　　[答え] 1.2

百分率とグラフ ❷

__組 __番 氏名_____

🏅GOAL
全員が割合の意味がわかり，割合を求めることができる②。

❶ 下の表は，サッカーのシュートの練習をしたときの記録です。2人のどちらがよく成功したといえるか，くらべ方を考えましょう。

	入った数	シュート数
なおき	21	30
かなこ	16	25

(1) 2人のシュートが成功した数は，それぞれシュート数の何倍になっていますか。

○なおきさん

[式] 21÷30＝0.7　　[答え] 0.7倍

○かなこさん

[式] 16÷25＝0.64　　[答え] 0.64倍

(2) どちらがよく成功したといえますか。「シュート数をもとにした入った数の割合」という言葉を使って3人に説明し，なっ得してもらえたらサインをもらいましょう。

シュート数をもとにした入った数の割合は
なおきさん・・・・0.7
かなこさん・・・・0.64
よってよく成功したのは，なおきさんである。

✎ 友だちのサイン

百分率とグラフ 3

___組___番 氏名_____

GOAL 全員が百分率の意味がわかり，割合を百分率で表すことができる。

❶ 百分率を「割合」と「パーセント（%）」という言葉を使って3人に説明し，なっ得してもらえたらサインをもらいましょう。

割合を表す 0.01 を 1 パーセントといい，1%と書く。
またパーセントで表した割合を，百分率という。

友だちのサイン

❷ 小数で表した割合を，百分率で表しましょう。

(1) 0.03　　　　(2) 0.49　　　　(3) 0.62

(　3%　)　　(　49%　)　　(　62%　)

(4) 0.8　　　　(5) 1.56　　　　(6) 0.907

(　80%　)　　(　156%　)　　(　90.7%　)

百分率とグラフ 4

___組___番 氏名_____

GOAL 百分率を割合で表すことができる。

❶ 百分率で表した割合を，小数で表しましょう。

(1) 4%　　　　(2) 28%　　　　(3) 50%

(　0.04　)　　(　0.28　)　　(　0.5　)

(4) 39.2%　　　(5) 160%　　　(6) 0.7%

(　0.392　)　　(　1.6　)　　(　0.007　)

❷ チューリップの球根を50こ植え，そのうち42この球根から芽が出ました。植えた球根の数をもとにした，芽が出た球根の数の割合を求め，百分率で表しましょう。

[式]　42 ÷ 50 = 0.84　　[答え]　84%

百分率とグラフ 5

___組___番 氏名_____

GOAL 全員がくらべられる量を求める百分率の問題ができる。

❶ 公園の面積は 600m² で，その 30%が花だんです。

公園の面積 600m²
花だんの面積 公園の面積の30%

(1) 30%を小数で表しましょう。

(　0.3　)

(2) 花だんの面積は何 m² か求めましょう。また，どのように求めたかを3人に説明し，なっ得してもらえたらサインをもらいましょう。

花だんは公園の面積の 30% であるから，
600 × 0.3 = 180（m²）

友だちのサイン

❷ れいこさんの身長は 140cm です。お兄さんの身長は，れいこさんの身長の 115%にあたります。お兄さんの身長は何 cm か求めましょう。

[式]　140 × 1.15 = 161　　[答え]　161cm

百分率とグラフ 6

___組___番 氏名_____

GOAL 全員がもとにする量を求める問題ができる①。

❶ たかしさんの家で，今年のみかんが 280kg とれました。これは去年とれたみかんの 140%にあたります。去年とれたみかんの量を求めましょう。

(1) 去年とれたみかんの量を求める式をたてましょう。なぜそのように式をたてたかを3人に説明し，なっ得してもらえたらサインをもらいましょう。

[式]　□ × 1.4 = 280

[説明]

理由は，（比べられる量）＝（もとにする量）×（割合）
と表せることができるから。

友だちのサイン

(2) 去年とれたみかんは何kgですか。

[式]　□ = 280 ÷ 1.4 = 200　　[答え]　200kg

❷ 百分率についての問題と答えを作りましょう。また，その問題と答えがあっているか3人にみてもらい，あっていたらサインをもらいましょう。

(例) まゆみさんは今月，本を12さつ読みました。これは先月の80%にあたります。先月は何さつ読んだか求めましょう。

[式]　□ = 12 ÷ 0.8 = 15　　[答え]　15 さつ

友だちのサイン

答え

百分率とグラフ 7

___組___番 氏名___

GOAL: 全員がもとにする量を求める問題ができる②。

❶ けんたさんは本を93ページまで読みました。これは，本全体の60%にあたります。この本は何ページまであるか求めましょう。

[式] □ × 0.6 = 93
　　　□ = 93 ÷ 0.6
　　　　= 155　　[答え] 155ページ

❷ 当たりくじの割合が12%のくじを作ります。当たりくじを15本にすると，くじは全部で何本になるか求めましょう。

[式] □ × 0.12 = 15
　　　□ = 15 ÷ 0.12
　　　　= 125　　[答え] 125本

百分率とグラフ 8

___組___番 氏名___

GOAL: 全員が割合の和や差を使う問題ができる。

❶ ひろみさんは，400円のくつ下を，20%びきのねだんで買いました。代金はいくらですか。

(1) ひかれる金額を求めてから，答えを求めましょう。

[式] 400 × 0.2 = 80
　　　400 − 80 = 320　　[答え] 320円

(2) もとのねだんをもとにした代金の割合を考えて，答えを求めましょう。

[式] 400 × (1 − 0.2) = 400 × 0.8
　　　　　　　　　　= 320　　[答え] 320円

❷ ある電車に，定員より6%多い159人が乗っています。この電車の定員は何人ですか。

[式] □ × (1 + 0.06) = 159
　　　□ = 159 ÷ 1.06
　　　　= 150　　[答え] 150人

百分率とグラフ 9

___組___番 氏名___

GOAL: 全員が帯グラフや円グラフの読み方がわかる。

❶ 下の帯グラフは，都道府県別のりんごの収かく量の割合を表したものです。りんごの収かく量の割合について調べましょう。

都道府県別のりんごの収かく量の割合（2013年）

(1) 青森県，長野県，山形県の収かく量は，それぞれ全体の何%ですか。

青森県（ 56% ）　長野県（ 21% ）　山形県（ 6% ）

(2) 青森県は全体のおよそ何分の一ですか。　　（ $\frac{1}{2}$ ）

(3) 長野県は秋田県のおよそ何倍ですか。　　（ 5倍 ）

❷ 下の円グラフは，さゆりさんの住んでいる町の土地利用の割合を表したものです。田は山林の何倍か求めましょう。

[式] 田んぼは23%，山林は12%より
　　　23 ÷ 12 = 1.916…
[答え] （約）2倍

百分率とグラフ 10

___組___番 氏名___

GOAL: 全員が帯グラフや円グラフをかくことができる。

❶ 下の表は，5年生が2月に図書館から借りた本を種類別に表したものです。

借りた本の数の割合（5年生　2月）

種類	数（さつ）	百分率(%)
物語	92	46
科学	60	30
伝記	24	12
図かん	14	7
その他	10	5
合計	200	100

(1) それぞれの割合を百分率で求め，表に書きましょう。

(2) 下の帯グラフに表しましょう。

借りた本の数の割合（5年生　2月）

物語　　科学　　伝記　図かん　その他

❷ 下の表はすぐるさんの学校で1月に起きたけがの件数を，場所別に表したものです。

場所別のけがの件数と割合（1月）

場所	件数（件）	百分率(%)
運動場	27	42
体育館	16	25
教室	9	14
その他	12	19
合計	64	100

(1) それぞれの割合を百分率で求め，表に書きましょう。百分率は四捨五入して，整数で表しましょう。

(2) 右の円グラフに表しましょう。

百分率とグラフ⓫

GOAL 全員がグラフを読み取り，問題を考えることができる。

❶ かおりさんは，南小学校と北小学校の5年生の，「好きなスポーツ」を調べ，下のグラフに表しました。

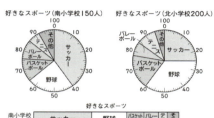

(1) 南小学校のサッカーの割合，北小学校の野球の割合は，それぞれ何%ですか。
・南小学校（　**40%**　）　・北小学校（　**25%**　）

(2) 南小学校と北小学校で，バレーボールの人数の割合が高いのはどちらですか。また，そのことがわかりやすいのは帯グラフか円グラフのどちらですか。
（　**南**　）小学校　（　**帯**　）グラフ

(3) 南小学校，北小学校のテニスの人数は，それぞれ何人ですか。
南小学校（　**9**　）人　北小学校（　**20**　）人

正多角形と円周の長さ❶

GOAL 全員が正多角形の意味や性質がわかり，正多角形をかくことができる①。

❶ 正多角形を「辺の長さ」，「角の大きさ」という言葉を使って3人に説明し，なっ得してもらえたらサインをもらいましょう。

辺の長さがすべて等しく，角の大きさもすべて等しい多角形を，正多角形という。

✏️友だちのサイン ☐ ☐ ☐

❷ 次の正多角形は，それぞれ何といいますか。

（　**正六角形**　）　（　**正八角形**　）

❸ 円の中心のまわりの角を3等分する方法で，正三角形をかきます。

(1) 円の中心のまわりの角を3等分すると，何度ずつになりますか。
（　**120°**　）

(2) 右の図に，正三角形をかきましょう。

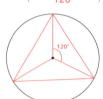

正多角形と円周の長さ❷

GOAL 全員が正多角形の意味や性質がわかり，正多角形をかくことができる②。

❶ 右の図は，半径2cmの円です。円のまわりを半径の長さで区切る方法で，正六角形をかきましょう。また，どうやってかいたかを3人に説明し，なっ得してもらえたらサインをもらいましょう。

円は360°なので，正六角形をかくには360÷6＝60。それぞれの角が60°の正三角形となり，各辺の長さは半径と同じになるから。

✏️友だちのサイン ☐ ☐ ☐

❷ 半径3cmの円のまわりを半径の長さで区切って，正六角形をかきました。

(1) あの角度は何度ですか。
（　**60°**　）

(2) 三角形OABは何という三角形ですか。
（　**正三角形**　）

(3) この正六角形の1つの辺の長さは何cmですか。
（　**3cm**　）

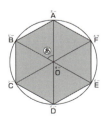

正多角形と円周の長さ❸

GOAL 円周率の意味がわかり，円周や直径の長さを求めることができる①。

❶ 円周率は何を表す数でしょうか。「円周の長さ」，「直径の長さ」という言葉を使って3人に説明し，なっ得してもらえたらサインをもらいましょう。

円周率とは，円周の長さが，直径の長さの何倍になっているかを表す数である。
（円周率）＝（円周）÷（直径）

✏️友だちのサイン ☐ ☐ ☐

❷ 円周はどのようにして求められますか。式で表しましょう。
［式］　**円周＝直径×円周率**

❸ 次の円の円周の長さを求めましょう。

(1)
［式］　**20×3.14＝62.8**
［答え］　**62.8cm**

(2)
［式］　**4×2＝8**
　　　　8×3.14＝25.12
［答え］　**25.12cm**

125

答え

正多角形と円周の長さ 4

GOAL 円周率の意味がわかり，円周や直径の長さを求めることができる②。

❶ 次の円の，円周の長さを求めましょう。

(1) 直径6cmの円

[式] $6 \times 3.14 = 18.84$ [答え] 18.84cm

(2) 半径5cmの円

[式] $5 \times 2 = 10$
$10 \times 3.14 = 31.4$ [答え] 31.4cm

❷ 円周の長さが190cmのタイヤがあります。このタイヤの直径の長さは何cmですか。直径の長さを□cmとして，かけ算の式に表して求めましょう。答えは四捨五入して，$\frac{1}{10}$のくらいまでのがい数で求めましょう。また，どうやって求めたかを3人に説明し，なっ得してもらえたらサインをもらいましょう。

[式]
$□ \times 3.14 = 190$
$□ = 190 \div 3.14$
$= 60.5$

[答え] （約）60.5cm

正多角形と円周の長さ 5

GOAL 円の直径の長さと円周の長さの関係がわかる。

❶ 円の直径の長さが変わると，それにともなって，円周の長さはどのように変わるか調べましょう。

(1) 直径の長さを□m，円周の長さを○mとして，円周の長さを求める式を書きましょう。

[式] $□ \times 3.14 = ○$

(2) □（直径）が1, 2, 3,・・・と変わると，○（円周）はそれぞれいくつになりますか。下の表のあいているところにあてはまる数字を書きましょう。

直径 □(m)	1	2	3	4	5	6
円周 ○(m)	3.14	6.28	9.42	12.56	15.7	18.84

(3) 「円周の長さ」と「直径の長さ」は比例しています。その理由を書きましょう。書いた理由を3人に説明し，なっ得してもらえたらサインをもらいましょう。

上の表から
直径が2倍，3倍，…になると，
円周も2倍，3倍，…になるから。

(4) 直径の長さが1mずつ増えると，円周の長さは何mずつ増えますか。

[答え] 3.14m（ずつ増える）

分数のかけ算とわり算 1

GOAL 全員が分数×整数の約分のない計算ができる。

❶ 「分数に整数をかける計算」のやり方を「分母」，「分子」という言葉を使って3人に説明し，なっ得してもらえたらサインをもらいましょう。

分数に整数をかける計算は，分母はそのままにして，分子にその整数をかける。

❷ かけ算をしましょう。

(1) $\frac{2}{9} \times 2 = \frac{2 \times 2}{9} = \frac{4}{9}$

(2) $\frac{2}{7} \times 3 = \frac{2 \times 3}{7} = \frac{6}{7}$

(3) $\frac{3}{17} \times 4 = \frac{3 \times 4}{17} = \frac{12}{17}$

(4) $\frac{9}{8} \times 5 = \frac{9 \times 5}{8} = \frac{45}{8}$

(5) $\frac{4}{3} \times 2 = \frac{4 \times 2}{3} = \frac{8}{3}$

(6) $\frac{1}{8} \times 5 = \frac{1 \times 5}{8} = \frac{5}{8}$

分数のかけ算とわり算 2

GOAL 全員が分数×整数の約分のある計算ができる。

❶ 「$\frac{3}{8} \times 2$」を計算しましょう。そして，どのように計算したかを3人に説明し，なっ得してもらえたらサインをもらいましょう。

（例） $\frac{3}{8} \times 2 = \frac{3}{8} \times \frac{2}{1}$ なので，2と8を約分し
$\frac{3 \times \overset{1}{2}}{\underset{4}{8}} = \frac{3}{4}$

❷ かけ算をしましょう。

(1) $\frac{5}{6} \times 3 = \frac{5 \times \overset{1}{3}}{\underset{2}{6}} = \frac{5}{2}$

(2) $\frac{7}{8} \times 4 = \frac{7 \times \overset{1}{4}}{\underset{2}{8}} = \frac{7}{2}$

(3) $\frac{1}{12} \times 9 = \frac{1 \times \overset{3}{9}}{\underset{4}{12}} = \frac{3}{4}$

(4) $\frac{7}{10} \times 8 = \frac{7 \times \overset{4}{8}}{\underset{5}{10}} = \frac{28}{5}$

(5) $\frac{5}{9} \times 6 = \frac{5 \times \overset{2}{6}}{\underset{3}{9}} = \frac{10}{3}$

(6) $\frac{4}{7} \times 7 = \frac{4 \times \overset{}{7}}{7} = 4$

(7) $\frac{9}{8} \times 24 = \frac{9 \times \overset{3}{24}}{\underset{1}{8}} = 27$

(8) $\frac{8}{25} \times 100 = \frac{8 \times \overset{4}{100}}{25} = 32$

分数のかけ算とわり算 3

___組___番 氏名_____

🥇 GOAL
全員が分数÷整数の約分のない計算ができる。

❶ 「分数で整数をわる計算」を「分母」と「分子」という言葉を使って、3人に説明し、なっ得してもらえたらサインをもらいましょう。

分数を整数でわる計算は、分子はそのままにして、分母にその整数をかける。

✎ 友だちのサイン [   ][   ][   ]

❷ わり算をしましょう。

(1) $\frac{1}{6} \div 4 = \frac{1}{6 \times 4} = \frac{1}{24}$

(2) $\frac{2}{5} \div 9 = \frac{2}{5 \times 9} = \frac{2}{45}$

(3) $\frac{7}{3} \div 5 = \frac{7}{3 \times 5} = \frac{7}{15}$

(4) $\frac{8}{9} \div 7 = \frac{8}{9 \times 7} = \frac{8}{63}$

(5) $\frac{5}{6} \div 3 = \frac{5}{6 \times 3} = \frac{5}{18}$

(6) $\frac{2}{3} \div 5 = \frac{2}{3 \times 5} = \frac{2}{15}$

(7) $\frac{3}{7} \div 7 = \frac{3}{7 \times 7} = \frac{3}{49}$

(8) $\frac{3}{4} \div 8 = \frac{3}{4 \times 8} = \frac{3}{32}$

分数のかけ算とわり算 4

___組___番 氏名_____

🥇 GOAL
全員が分数÷整数の約分のある計算ができる。

❶ $\frac{4}{5} \div 2$ の計算をしましょう。そして、どのように計算したかを3人に説明し、なっ得してもらえたらサインをもらいましょう。

（例）$\frac{4}{5} \div 2 = \frac{4}{5} \times \frac{1}{2}$ なので、4 と 2 を約分し
$\frac{\overset{2}{4}}{5 \times \underset{1}{2}} = \frac{2}{5}$

✎ 友だちのサイン [   ][   ][   ]

❷ わり算をしましょう。

(1) $\frac{8}{9} \div 2 = \frac{\overset{4}{8}}{9 \times \underset{1}{2}} = \frac{4}{9}$

(2) $\frac{3}{8} \div 3 = \frac{3}{8 \times 3} = \frac{1}{8}$

(3) $\frac{2}{3} \div 2 = \frac{2}{3 \times 2} = \frac{1}{3}$

(4) $\frac{9}{10} \div 12 = \frac{\overset{3}{9}}{10 \times \underset{4}{12}} = \frac{3}{40}$

(5) $\frac{25}{36} \div 10 = \frac{\overset{5}{25}}{36 \times \underset{2}{10}} = \frac{5}{72}$

(6) $\frac{9}{7} \div 6 = \frac{\overset{3}{9}}{7 \times \underset{2}{6}} = \frac{3}{14}$

(7) $\frac{21}{13} \div 9 = \frac{\overset{7}{21}}{13 \times \underset{3}{9}} = \frac{7}{39}$

(8) $\frac{25}{6} \div 100 = \frac{\overset{1}{25}}{6 \times \underset{4}{100}} = \frac{1}{24}$

(9) $\frac{75}{7} \div 150 = \frac{\overset{1}{75}}{7 \times \underset{2}{150}} = \frac{1}{14}$

分数のかけ算とわり算 5

___組___番 氏名_____

🥇 GOAL
全員が分数のかけ算とわり算の文章題を解くことができる。

❶ 1dL で、かべを $\frac{5}{8}$ m² ぬれるペンキがあります。このペンキ 3dL では、かべ何 m² ぬれますか。

[式] $\frac{5}{8} \times 3 = \frac{5 \times 3}{8} = \frac{15}{8}$　　[答え] $\frac{15}{8}$ m²

❷ 牛にゅうが $\frac{3}{4}$ L 入ったパックが 8 本あります。牛にゅうは全部で何 L あるでしょうか。

[式] $\frac{3}{4} \times 8 = \frac{3 \times \overset{2}{8}}{\underset{1}{4}} = 6$　　[答え] 6L

❸ 5m の重さが $\frac{7}{2}$ kg の木のぼうがあります。この木のぼう 1m の重さは何 kg でしょうか。

[式] $\frac{7}{2} \div 5 = \frac{7}{2 \times 5} = \frac{7}{10}$　　[答え] $\frac{7}{10}$ kg

角柱と円柱 1

___組___番 氏名_____

🥇 GOAL
全員が角柱と円柱の意味や性質がわかる①。

❶ 「三角柱」と「円柱」をかきましょう。そしてかいたものを 3 人に見せて、なっ得してもらえたらサインをもらいましょう。

○三角柱

○円柱
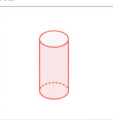

✎ 友だちのサイン [   ][   ][   ]

❷ 下の立体の各部分の名前を書きましょう。

底面

① (側面)
② (頂点)
③ (底面)

答え

角柱と円柱 ❷

___組___番 氏名_____

GOAL
全員が角柱と円柱の意味や性質がわかる②。

❶ □に当てはまる言葉を、   から選んで書きましょう。

(1) 角柱や円柱の2つの底面は、 **平行** になっている。

(2) 角柱の側面と底面は、 **垂直** に交わっている。

(3) 円柱の2つの底面は、合同な **円** になっている。

(4) 円柱の側面は、 **曲面** になっている。

| 垂直　三角形　円　平行　頂点　曲面 |

❷ 三角柱の見取り図をかきましょう。3人に見てもらい、なっ得してもらえたらサインをもらいましょう。

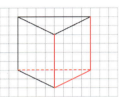

友だちのサイン

角柱と円柱 ❸

___組___番 氏名_____

GOAL
全員が角柱の展開図がわかり、かくことができる①。

❶ 右のような角柱があります。

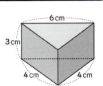

(1) この角柱は何という角柱ですか。

(　**三角柱**　)

(2) この角柱の展開図をかきましょう。かいたら3人に見せて、なっ得してもらえたらサインをもらいましょう。

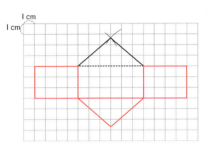

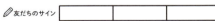
友だちのサイン

角柱と円柱 ❹

___組___番 氏名_____

GOAL
全員が角柱の展開図がわかり、かくことができる②。

❶ 右の図は、ある円柱の展開図です。

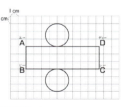

(1) 右の展開図を組み立ててできる円柱の高さは何cmですか。
(　**3cm**　)

(2) 右の展開図で、辺ADの長さは、どこの長さと等しいですか。
(　**底面の円の円周、または辺BC**　)

(3) 辺ADの長さは何cmですか。また、どのようにして辺ADの長さを求めたかを3人に説明し、なっ得してもらえたらサインをもらいましょう。

[式]　**3 × 3.14 = 9.42**　[答え]　**9.42cm**

友だちのサイン

❷ 右の図のような、ある角柱の展開図を組み立てます。

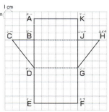

(1) この角柱は何という角柱ですか。
(　**三角柱**　)

(2) この角柱の高さは何cmですか。
(　**6cm**　)

(3) 点Cに集まる点を全部答えましょう。
(　**点A, 点E**　)

執　筆	森一平・山崎大樹
協　力	株式会社 教育同人社
編　集	株式会社ナイスク（http://www.naisg.com）
	松尾里央　高作真紀　鈴木英里子　杉中美砂　谷口蒼
装　丁	mika
本文フォーマット/デザイン	佐々木志帆（株式会社ナイスク）
ＤＴＰ	株式会社ツー・ファイブ
イラスト	おたざわ　ゆみ

小学校　算数
『学び合い』を成功させる課題プリント集　5年生

2018（平成30）年4月16日　初版第1刷発行

編著者　　西川　純・木村　薫
発行者　　錦織圭之介
発行所　　株式会社 東洋館出版社
　　　　　〒113-0021 東京都文京区本駒込 5-16-7
　　　　　営業部　TEL 03-3823-9206 / FAX 03-3823-9208
　　　　　編集部　TEL 03-3823-9207 / FAX 03-3823-9209
　　　　　振　替　00180-7-96823
　　　　　http://www.toyokan.co.jp/

印刷・製本　藤原印刷株式会社
ISBN978-4-491-03523-9
Printed in Japan